愛で千到底

宮田博文

［日］宮田博文 著
社長の仕事は社員を信じきること、それだけ

叶瑜 译

信任员工
用爱经营，
构筑信赖的伙伴关系

机械工业出版社
CHINA MACHINE PRESS

图书在版编目（CIP）数据

信任员工：用爱经营，构筑信赖的伙伴关系 /（日）宫田博文著；叶瑜译．—北京：机械工业出版社，2020.10（2024.8重印）

ISBN 978-7-111-66654-7

I. 信⋯ II. ①宫⋯ ②叶⋯ III. 企业管理－人事管理－研究 IV. F272.92

中国版本图书馆CIP数据核字（2020）第184794号

北京市版权局著作权合同登记　图字：01-2020-4940号。

Shachou no shigoto wa shain wo shinjikirukoto.soredake.by hirofumi miyata.
Copyright © 2019 Hirofumi Miyata
Simplified Chinese Translation Copyright © 2021 by China Machine Press.
Simplified Chinese translation rights arranged with KANKI PUBLISHING INC. through Bardon-Chinese Media Agency. This edition is authorized for sale in the Chinese mainland (excluding Hong Kong SAR, Macao SAR and Taiwan).
No part of this book may be reproduced or transmitted in any form or by any means, electronic or mechanical, including photocopying, recording or any information storage and retrieval system, without permission, in writing, from the publisher.
All rights reserved.

本书中文简体字版由KANKI PUBLISHING INC.通过Bardon-Chinese Media Agency授权机械工业出版社在中国大陆地区（不包括香港、澳门特别行政区及台湾地区）独家出版发行。未经出版者书面许可，不得以任何方式抄袭、复制或节录本书中的任何部分。

信任员工：用爱经营，构筑信赖的伙伴关系

出版发行：机械工业出版社（北京市西城区百万庄大街22号　邮政编码：100037）
责任编辑：欧　俊
责任校对：殷　虹
印　　刷：固安县铭成印刷有限公司
版　　次：2024年8月第1版第2次印刷
开　　本：147mm×210mm　1/32
印　　张：5.875
书　　号：ISBN 978-7-111-66654-7
定　　价：59.00元

客服电话：(010) 88361066　88379833　68326294

版权所有・侵权必究
封底无防伪标均为盗版

目录

中文版序
推荐序一 爱是企业的灵魂
推荐序二 "爱",能改变世界
译 者 序 从内心的美好愿望出发
自序

  就在刚才,我的儿子失去了性命

  扎进会议室墙壁木头缝里的 iPad

  越受数字目标束缚,员工就越没有主动性

  帮助客户固然好,但有利润吗

  正因为热爱卡车,所以必有可发挥之处

员工不是被评估管理的对象
活在不安中的日子太无趣
信任人，将目光投向善、良知和美好的心灵

第一章 "帮助他人"是产生主动性的源泉
"互帮互助"的企业文化是怎么诞生的 | 001

为什么"互帮互助"的企业文化能在宫田运输
扎根 | 003

我们的口号是"有了困难你就喊" | 004
比起命令，"帮帮我"的姿态更重要 | 006

"互帮互助"的氛围是企业最重要的财富 | 008

事业所配送量超出预料，全国紧急驰援 | 009
仓库屋顶被台风吹走，员工全体出动搬面粉 | 010
帮助伙伴时不考虑成本 | 013

不是待遇，而是"互帮互助"的氛围培养了员工的
主动性 | 015

简单的人事评估，不以绩效为导向的评估制度培养了员工的
主动性 | 017
员工有困难可以从公司借钱 | 019
过度管理导致畏缩，新价值无从诞生 | 021

靠强制，人是不会行动的 | 022

领导的居高临下带来的挫折 | 023
在阪神淡路大地震中学会"人为什么行动" | 025
人有为他人自发行动的精神 | 026

我决定信任人，打造人们乐于选择和支持的企业 | 028

彻底相信人心 | 029

用道理来管理，只会带来"被强迫感" | 031

不是管理，而是"创造伙伴" | 033

第二章 相信每一个人，把事情托付给他们

激发员工主动性的体制 | 035

彻底相信人的会议——未来会议 | 037

临时工阿姨的一句话，解决了常年未达成的指标 | 039
人因为理解工作的意义而行动 | 042

令参加者落泪的会议——未来会议的内容 | 044

明确每个人工作的理由 | 047
与伙伴共享自身的存在价值 | 049

来自员工的提问由其他驾驶员或临时工回答 | 051
对人的关爱吸引了公司之外的人 | 053

未来会议是反馈和认可的场所 | 056
给每一位员工打上灯光 | 058

在未来会议中，对重要项目也当众决策 | 062
当场决定成立埼玉深谷事业所 | 063
信赖与托付使员工的主动性迅速提高 | 064

第三章 领导者最不可缺少的品质是"爱"

彻底相信人的"心之经营" | 067

不懂爱，就无法胜任领导职务 | 069

送别时的一句"请安全回来" | 070
思考的轴心不是"企业"，而是"员工" | 071
"脑想"不会成为现实，"心想"才能成真 | 073

不以"性本恶论"管理员工 | 075
来自所长的"谢谢你还活着" | 077
领导者必须主动展现信任 | 078

为什么人们会来到宫田运输 | 080

相信人的可能性，任何人都可以做出贡献 | 081

相信人，人就会不请自来 | 083

信任所有来到身边的人 | 084
对卡车的热爱促使新事业诞生 | 085
相同的梦想带来志同道合的伙伴 | 086
有梦想的人的工作方式与众不同 | 089

领导者也要有学习的场所，在盛和塾中的变化 | 093

社长深化学习是为了员工幸福 | 097
让"心之经营"成为全球标准 | 098

第四章 绝不追逐眼前的数字

只要持续帮助身边有困难的人，企业和员工都会得到成长 | 101

父亲的教导背后隐含着"有难必帮"的精神 | 103

刚进公司后的经营危机 | 104
艰苦工作的前方是机会 | 105
接下其他公司拒绝的订单 | 107
不拒绝业务很重要，从事可持续型的业务也很重要 | 110

为了构筑信任，先运了、帮了再说 | 112

眼睛绝不盯着客户的脚后跟 | 113

有了喜悦就有利润 | 115

从"米骚动"中学到的经验教训 | 117
因为坚持才有主干业务的形成 | 120

第五章 "管理"不会让人成长,但"幸福"可以

让员工和社会幸福的项目 | 123

"儿童彩绘计划"的缘起 | 125

用好卡车让生命绽放 | 127
在卡车上贴孩子们的画 | 129

载着孩子的画,驾驶方式也变得友善了 | 131

让孩子们的画照亮全世界 | 133

用人不疑,快乐经营的奥秘在于下定决心 | 135

企业就是大家庭 | 137

尾声 | 139

真心相碰,传递心声 | 141

结束语 | 143

中文版序

这次我想将我的作品《信任员工：用爱经营，构筑信赖的伙伴关系》献给更多读者，因为我不想独占自身经营的纯粹体验，希望把它分享给更多人。

在和中国的朋友们彼此真心交流、你追我赶、切磋琢磨的过程当中，我获得了许多宝贵经验，收获了许多人生价值。如今，这些经验与价值正在丰富着我身为一名经营者的哲学，逐渐凝结成我内在的人生信念。

我不会将"现在的我"当作全部的"我"，我将不停探索成长的道路，向着前方的美好靠拢。我相信，只要坚持这样的人生态度，幸福就必定在前方等着我们。带着这样的信念，我一直与日本的企业家伙伴、员工伙伴一起用真心真学真干。

无须思考"怎样存在"，而应思考"为什么存在"，这是我经历了一起因自己的工作过失而致使一条生命逝去的交通事故后，重新思考人生得出的结果。我醒悟到："心不唤物，物不至。"一切周围的现象都是自身内心想法带来的结果。我坚信，我们无须因不安和恐惧而每日为经营与人生苦恼，而应从内心深处的理想、希望、梦想、志向和爱出发，相信自然即宇宙法则的力量，让心灵顺应这些根本规律，活出生命本有的精彩。

如果读者在读完本书后，感觉找到了一丝希望与光明，汲取了一点走向明天的营养，那将是我最大的荣幸。

本书这次在中国的出版，得到了我的好友叶瑜女士及汪云洋先生的关照，我要向他们表示感谢。同时，对一直心系我们宫田运输公司的吴安鸣老师致以衷心的感谢。

宫田博文　日本宫田运输公司法人代表兼社长

2020 年 6 月

推荐序一

爱是企业的灵魂

我是四年前认识日本宫田运输公司社长宫田博文先生的,曾四次到他的公司学习参观,每一次离开时都会带走满满的收获和感动,也会平添新的思考,让我在平时的工作中加以研究。开心的是,在实践过程中,我真的能体悟到一些道理。因此,每次参观后都会对自己说:"明年我还会来。"

宫田博文先生来过我们学校两次,给了我们很好的指导和帮助,我非常感激他。这次受叶瑜女士的委托,给宫田先生的《信任员工:用爱经营,构筑信赖的伙伴关系》一书写推荐序,我很乐意。尽管我知道自己理解力不够、写不好,但还是愿意为之努力,这不单单是因为我对宫田博文先生的敬佩，更是因为我希望宫田博文先生"用爱经营"的经营哲学在中国企业经营者中得到传播。

我认为，宫田运输公司值得我们学习借鉴的东西很多，在此只谈谈我所看到该公司与众不同之处后的四点感受。

第一个感受：爱让笨重的大卡车有了灵性。

宫田运输公司有100多辆大卡车，每辆卡车新旧不同。但每天当每辆大卡车都洁净如新、熠熠闪光，装载着满满的货物从公司出发时，人们难以分辨它们的车龄。特别是坐在驾驶室里的司机精神饱满，人与车和谐相处、人车合一的动态情景，构成了一个个充满活力、生机盎然的"生命体"，看到后不禁让人喜爱，温馨感也油然而生。尤其是看到贴着驾驶员孩子的绘画作品的大卡车稳稳当当向前行驶的场景，仿佛我自己也置身车内，深深地体会到作为车辆驾驶员的他们内心的自豪感和满足感，甚至仿佛听到了大卡车欢乐地"歌唱"。

为什么会有这样浪漫而真实的感觉？我问自己。从宫田博文先生给我们讲的故事里，我找到了答案。

"开大卡车是我儿时的梦想。无论读多少书，学多少知识，我都没改变这个目标。后来终于开上大卡车，我很开心、很自豪，也很珍惜。"虽然早已是社长的宫田博文先生不再亲自驾驶大卡车，但他对卡车的喜爱，对司机的爱护，对运输事业的热爱，已经升华成宫田运输公司文化的特质，升华为宫田运输人的精神。这种精神随着时间沉淀，慢慢渗进宫田人的血液里，刻进大卡车的车体里，使人和车都有了灵魂。

第二个感受:"奇怪"的现象给人带来思考。

我去了宫田运输公司四次,发现两个奇怪的现象。第一个奇怪的现象是公司没有办公室。我们到宫田运输公司参观,很想去看看宫田博文社长办公的地方,可不知道在哪里,也看不出来在哪里,又不好主动提出这样的要求。看得出来,他们的高管不多,没有独立的办公室,上班时间都在仓库和装卸现场,整个公司连一个体面的、空间开阔些的会议室也没有。有人来参观,就在偌大的仓库空地临时安放好音响和简易桌椅,让参观者坐下交流,参观人员走了就拆掉。听说他们平时员工学习开会也经常这样。我反复思考这么做的理由,结论是好处多多。最大的好处不是节约资源、费用最小化,而是员工领导不分上下左右,在同一环境中工作,没有等级区别,更容易熟悉和相互理解,更容易携手共事、合作互助、相互配合。领导和员工之间、部门和部门之间更容易包容,更显公平,内耗更少。

第二个奇怪的现象是宫田博文社长更像是一位优秀的员工。我们每次参观都有30人以上,参观时无论走到哪里,员工都能直接与我们交流。宫田先生跟着我们,一边静静地听他的员工讲解,一边维护着现场安全。他虽始终身在现场,却看不到他的"指挥"和"管理"。无论参观者提出什么五花八门的问题,他的员工怎样回答,他都不插话、不着急,微笑的脸上写着的都是"欣赏"。每次参观完了,大家坐下来讨论,当现场管理者与我们交流的时候,他就像一个普通的服务员一样,在一旁默默地看着、听着、陪伴着,一副"随时听候调遣"的谦虚姿态。宫田博文先生话不多,他从来没有用语言向我们强调过怎么爱员工,怎么对待员工,却总以充满感恩、关心、欣赏的口吻给我们讲他的员工。每每谈到员工时,他的眼神里总是流露出深深的爱与欣赏。

第三个感受:一个不用指标"管理"的公司。

宫田运输公司是一个为众多餐饮公司及商超企业提供食材临时储存和配送的运输公司,主要业务内容分为两部分:货物运输和仓库装卸。员工主要有卡车司机、库管员、搬运工。一般来说,这样的工作很辛苦,员工不好招,招来了也不好管。怎么把这些员工管理好,也是每一位去参观的企业经营管理者最想了解、学习的。理论上,运输物资和储存转运物资,十分适于量化管理办法。物品、人次、车次可量化,流程管理可用数据进行记录、分析和评估,便于标准化及制定制度进行管理,按数据考核定薪也十分方便。可是,我们去了几次,交流也不少,就是听不到他们讲类似的"管理经验"。

看了宫田博文先生的书我才知道,他们没有我们所谓的"指标管理"。公司没有量化的考核手段,没有制定管理的制度文件,墙上也没有代表管理文化的"时尚"口号。他们是用"爱"的经营哲学去引领员工,用不断开展、吸引员工自觉参加的学习活动培育员工,用相互信赖的氛围滋养员工,用尊重、平等、民主、透明的文明风气影响员工,用职场环境自然育人。我每次在宫田运输公司参访学习都很用心,总希望对每个问题都能知其所以然。越细致观察，越被他们每一位员工的自律、自觉、自主的工作品质所感动。宫田运输公司的大多数司机、库管员和搬运工文化程度不高，家庭不富裕，成长经历比较坎坷，到宫田运输公司以后，他们慢慢地改变了自己，改变了自己的家庭，成为自律利他、自动自发、深受客户喜爱和同伴尊重的人。我由衷地觉得宫田博文先生营造这样的公司文化环境不易。

第四个感受：宫田运输公司是没有血缘关系的职场人渴望的归宿。

在寒冷的冬天，宫田博文先生每天早晨会在每位卡车司机出发前，把一杯热腾腾的浓香的咖啡送到他们手里，伴随一句问候、一个微笑、一下轻轻的拍抚。这是我从员工那里听到的故事。我也亲眼看到，宫田博文先生在公司与员工一起工作时，让人分不清谁是社长，谁是员工。我看到他在卡车进库时笑脸相迎，看到他在库管员忙碌时伸以援手，看到他在装卸工移动货物时挽袖助力，看到他在休息闲暇时与员工亲近。他和员工的交谈看似不经意，其实早就提前做好了"功课"。他知道该问什么、怎么问，事后怎么做。他对员工的关心，不仅仅限于工作，还有家庭、孩子、父母、亲情……他主动参与公司的所有公益活动和娱乐活动，自始至终和一线员工在一起，做员工背后的"兄长"，当员工的"后盾"，把舞台和荣誉让给他人。在他心里，员工就是他最亲的人。

我是一名有 40 年教龄的老师，和人打了一辈子交道。我知道不是所有的人都容易被感化、被影响，尤其是有独立思想、思维方式不同寻常、个性强势、精明能干、经历丰富的成年人，他们是不容易服从他人的，也很难与观点不同的人合作。在宫田运输公司我也看到有这样能干的人，而且不止一两个，有的还做了领导工作。但仔细观察他们，我感受到了他们内心的变化，感知他们身上多了很多前所未有的东西。

我打心里佩服宫田博文先生，他给员工的爱，是纯粹的，更是智慧的。

在一些企业发展受阻，收益逐年下降的情况下，宫田运输公司客户为什么不减反增？我们都知道，客户的认同源于员工的服务质量。为什么宫田运输公司有这么好的员工呢？我坚信是宫田博文先生用爱温暖出来的，用文化培育出来的，用与员工一起成长的过程历练出来的。宫田运输公司不只在战略设计上规划了完善、系统的服务流程，他们还建设了保障流程高效实施的文化工程。通过这个工程，把企业的经营理念和愿景规划逐渐渗透到员工的行动当中，并变成他们为客户服务的工作理念。唯有企业的理念和员工的认知一致时，客户得到的服务才是真正的"尊荣礼遇"。客户得到充满尊重和礼遇的服务，必会坚定、忠实地支持这个企业。

通读了好几遍宫田博文先生的书，我很受启发。宫田博文先生是用爱经营企业，而且是经营一家货运公司，实为不易。他尊重员工的工作价值，为员工创造了随时能够"体验爱"与"付出爱"的工作环境，鼓励员工不断在重复平凡的工作和生活中提升个人的精神层次，最后凝聚众人。他的高尚情操亦成了企业的灵魂。有高尚灵魂的企业，是不可替代的，是可以长寿的。

祝福宫田运输公司，致敬宫田博文先生。

吴安鸣　重庆行知教育集团董事长
2020年5月

推荐序二

"爱"[一]，能改变世界

承蒙我的朋友叶瑜女士邀请，为本书写序，我心中感到无比高兴。

2018年6月，我在湖南长沙参加盛和塾第11届企业经营报告会，并与宫田运输公司社长宫田博文先生初次结识，当时聆听了宫田博文先生历经的各种苦难，以及他学习稻盛经营学的经历，了解到他将"以心为本"作为公司经营的根本。宫田博文先生思维方式发生转变，并慢慢地把"用爱干到底"作为自己的经营指南，这一点深深触动了我。

[一] 技研新阳有以"愛"代"爱"的文化，郭文英女士认为"无心不是爱"。——译者注

2019年4月,托叶瑜女士的福,我有幸去宫田运输公司参访,虽然仅有几个小时的学习,但我深深折服于宫田博文先生以心为本的经营哲学——"拥有与宇宙意志相协调的心,就能改变世界""与每一位员工分享幸福,努力打造为社会提供梦想、感动和喜悦的企业,为社会未来的进步发展做出贡献"。

2020年1月,首届"世界大会发表者同窗会"在日本京都召开,我有幸再次与宫田博文先生见面。疫情期间收到他给中国企业家塾生发来的视频,表达亲切的问候:"中国的企业家同学,目前大家正面临着危机和困难,希望大家齐心协力、共渡难关。我们在日本为大家加油,我们与大家同在——宫田博文。"在此特殊时期,这份问候无比温暖,令人感动。

用心即是爱,无心不是爱。拜读宫田先生的新书,无处不充满了爱。宫田先生经历重重考验,体悟到了"以心为本"经营深层的寓意:"不是为了员工,而是陪伴员工""不管理,而是创造伙伴""不是为了目标,而是为了目的""不用条条框框束缚,而是彻底相信人心"——这些都在提醒我们,经营的本质即经营人心。通过触动人心,培养对人的信任,让员工得到成长,实现全体员工物心双幸福,共同为社会创造价值。一切的一切,回归到一个点就是——"爱"。

因为爱,员工的良知与利他之心被唤醒;因为爱,人与人之间有了纽带与信赖;因为爱,人们的内心升起感恩之情,带着爱开启每天的工作。爱是宇宙最高的能量,感恩是生命最好的营养,信赖是人生最美的体验。宫田博文先生与他所经营的宫田运输公司的实践,在事事讲究效率的时代,显得别具一格,却又充满意义,值得我们所有有志实践"以心为本"经营的企业借鉴、参考。

宫田运输公司经营模式的演变,印证了宫田博文先生本人的经营理念,体现了心之经营,即"用爱经营"。我在技研新阳从基层翻译一路走上高层岗位,"用爱经营,打造幸福新阳"是我与新阳全体"家人"共同的梦想。新阳的企业愿景是"职工幸福,客户感动,基业长青"。2019年,也就是技研新阳成立25年之际,我与我的经营团队一直在思索,若想打造永续发展的组织,我们到底需要传承什么给下一代新阳人。最终的答案是"爱"。爱是一切的原点,传承爱,成为爱,传播爱,让所有人的生命幸福绽放。在新阳,真正的大爱就是让员工成长,让客户、供应链成功。我们能传承和留下的,唯有"爱"。

所有困难和挑战都是追梦路上的加油站。随着经济的高速发展,城市化程度不断提高,无论是私家车、物流车还是公交车,越来越多的车辆进入我们的生活。"载着孩子的画,驾驶方式也变得友善了"——这份心意让每一个生命体感知到了"爱与善"。驾驶员们开着贴着儿童彩绘的卡车,奔走在世界的每个角落,把这些如阳光般纯粹温暖的画传播到社会各个角落,成为温暖人心、改变社会的力量。

面对不确定的未来,我们用初心和梦想照耀前行的路,做好当下，和家人们一道获得历练和成长。我相信，每个人对世界的看法都是各自内心修炼的影子，你信什么就看见什么。我希望，人们与生俱有的良知和共通的优点彼此相连，不断成长；我坚信，为他人、为社会创造价值，才是个人价值的最高体现。只要经营者一直行在道上，就一定能实现"越经营越幸福"。

我祈愿更多人能与本书结缘。让我们共同载着"爱、真诚、和谐"之心，驾驶好"人心"这一车辆，让爱传出去，传到世界的每个角落。

致以美好的祝福！

郭文英　技研新阳集团董事总经理
深圳盛和塾理事长
2020年6月于中国东莞

译者序

从内心的美好愿望出发

西方的管理学在中国推行后,企业管理经历了一段以物质刺激和利益分配为中心的"绩效时代"。如今,随着经济的高速发展,人们的追求日益由原来的"物质"转向"精神",企业员工也更在乎自我价值的实现。因此,"以人为本""以德为本"的经营探索在企业中逐渐铺开。其中,很有代表性的是被誉为21世纪"经营之圣"的日本著名企业家稻盛和夫先生的经营,他以哲学理念为核心,以人心为基础,并通过其创办的企业家学习组织"盛和塾"传播其经营理念。

稻盛经营哲学强调的是"以心为基础"的经营,认为人心向背决定了整个企业的存亡和发展,因此在企业经营实践中，一切活动有必要围绕"人心"开展，最终包括经营者在内的全体人员提升心性，懂得利他，并在此过程中实现物心双幸福。

许多中国企业家深受此美好愿景的吸引，并纷纷在自己的企业开展实践，其中不少人收获了不少的成果。在实践过程中，对于企业家而言最困惑的，或许是如何将无形的"爱""真诚""和谐""纯粹""坦诚""公正""善良"等做人应有的品德落实在经营实践中，并与企业制度、机制有机融合，促使企业内部形成良性文化氛围，从而向"全员物心双幸福，为社会做贡献"的目标靠拢。

正当企业家们苦苦探索心与行之间的相互关系之时，前日本盛和塾大阪分塾发起人代表、日本宫田运输公司社长宫田博文先生从"以心入行"的角度，为我们展示了全新的经营实践。

对很多企业家来说，经营是一件容易令人不安的事。但是宫田博文先生不是从不安、担心或害怕出发，而是从心中纯粹而美好的愿望出发，心怀信念行动——这就是他最核心的经营领悟，也可以说是他的人生体悟。宫田博文先生的经营是以自我接纳和表达心中的美好为起点的。

因为是社长，所以必须做好社长的职责；因为是家族企业的新一代领导者，所以必须超越父辈，成为人人赞许的社长……最初在种种外在标准的度量下，他陷入了"低头拉车，无暇看路"的状态，当遇到沉重的打击时，方才猛然醒觉：自己纯粹、美好的初心去哪里了？

意识到这一点后，宫田博文先生在心中做了一个决定："相信员工，相信人心"，从内心的愿望出发行动。他期望身边的人幸福、快乐，他激发每个人的活力与善良；不论背景如何，他期望每个人都能活出属于自己的人生意义，绽放出生命的精彩。

境随心转，当一个人的心念转变，周围的世界也会立竿见影，发生巨大的变化。

首先，显著的变化体现在"人"的身上。宫田运输公司的员工主动性和积极性显著提升，在被接纳、被看见、被爱的状态下，他们开始愿意为实现企业的梦想（即经营者的梦想）提供协助。尽管工作时间不规律，强度大，货主要求苛刻，但宫田运输公司的员工之间形成了彼此坦诚、信赖、互帮互助的关系。

宫田博文先生经营实践的意义在于，让我们看见了"相信人心美好"的力量在企业中发挥的作用。相信依循自身美好的心能带来丰硕的果实，"信任他人"能带来人与人之间牢不可破的纽带。因为相信，所以创造，因为创造，所以收获。宫田先生用自身的实践，书写了从爱与善出发，改变自身"居住的世界"的故事，从另一个角度给我们提供了"以心为本"经营实践的范本。

同时，正如宫田博文先生自序所说，本书不仅适于企业经营管理者借鉴，还十分适于对工作和生活感到迷茫或厌倦的人。如果本书能对人们如何"向属于自身的幸福靠拢,活出生命本有的色彩"有所启发,那不仅是宫田博文先生的喜悦,也是我这个译者莫大的荣幸。

感谢机械工业出版社把书引入中国付出的努力,也感谢宫田博文先生对中国读者的殷切期待。感谢所有为本书出版做过直接或间接贡献的人,同时感谢购买并即将阅读本书的你。

祝福每个人活出真我,心想事成。

叶瑜 北京子瑜文化传媒有限公司创始人
2020年6月于北京

自序

就在刚才，我的儿子失去了性命

2013年8月30日，我永远不会忘记那一天。

那天，我接到宫田运输专务福田真的紧急来电，一公司员工驾驶的卡车与一辆踏板摩托车发生了碰撞事故，骑摩托车的男子已被紧急送往医院。

接到这个消息，正值夏日炎炎的下午3点，我正在外面办事。既然摩托车已经翻倒，人大概不会只受一点小伤，说不准会伤及性命。我忧心忡忡地直奔医院。

到了医院，我没被领进病房，而是被领进了太平间。

男子的五六位亲属已经到了。我赶忙上前几步，惶恐地向近旁的一位男子打了声招呼，递上自己的名片。

"我是肇事者公司的社长，真对不起。"

当时，接过名片的正是死者的父亲。

在这种情形之下，那位父亲如果咒骂怒吼也很正常，他却用低缓的语气说：**"就在刚才，我的儿子失去了性命。我不知道谁对谁错，只希望你知道，我儿子还有一个读小学四年级的女儿。"**

我唯一能做的只有低声道歉："我明白了，我一定会尽我的诚意。"然后离开了那里。

在讲述自己的工作和经营之前，我不能绕过这个事故，对此避之不谈。

因为，事故的始作俑者正是我这个经营者。

驾驶卡车的员工是一位管理者，在事业所负责驾驶员的调度安排及卡车运行管理之类的工作。但在事故当天，由于人手不足，追加的运单纷沓而至，加上他以前也是一名驾驶员，所以就自告奋勇，亲自上阵。

他已不从事一线驾驶工作，但仍这样勉为其难，这后面既有他为客户着想的好意，也有我为了提高业绩、达成数字目标而施加于他们的压力。

扎进会议室墙壁木头缝里的 iPad

例如，在事故发生前某天的干部会议上，我对部下在汇报中表现的工作不力大发雷霆，无意识地将手中的 iPad 扔了过去。

"必须出结果！我没问你做不到的理由！"

霎时，iPad在空中飞舞，猛地扎进会议室墙壁——它斜插在墙上的木头缝里，然后在众目睽睽之下，啪的一声掉在地板上。

我，宫田博文，是大阪府高槻市物流公司宫田运输的社长。

公司在1967年由我祖父创立。我18岁进公司，2012年担任第四任社长。公司的年销售额为40亿日元（截至2019年3月的财年决算），有员工295人。公司拥有165辆卡车，主要从事大型食品工厂的食品和生产材料的配送及仓库管理等业务。在全日本有12家事业所[○]，以关西为中心，主要设立在东到福岛、西至福冈的地带。

这样一家大阪中型物流公司的社长为何烦躁得扔iPad？**原因是用了错误的方法追求高目标。**

我的祖父，宫田运输的创始人，是一位经常将"赚了钱大家分"挂在嘴边的老爷子。

第二任社长是我的叔叔，他从来不穿西装，整天穿着一身工作服，总是开着一辆轻型老爷卡车，早上6点半上班，和员工们有说有笑，一直在公司工作到很晚才回家。大家都很喜欢这位社长，直追着他喊"大叔，大叔"。

第三任社长是我的父亲，即前任社长。他实行大家族主义式的经营，在员工家属过生日时，他会送他们明石鲷[○]作为礼物。

○ 相当于具有运营业务功能的事务所。——译者注
○ 来自兵库县明石海峡的鲷鱼，是高级料理，日本人一般用于庆祝场合。——译者注

重视员工，讲求通力协作——总之，宫田运输是一家重视人的企业。

我从 18 岁起在宫田运输工作，也十分热爱这里的企业文化，并相信它的力量。

然而，我在公司成立 45 周年之际当上第四任社长后，在这个企业文化的基础上，提出了明确的数字目标。

"25 年后，当公司迎来成立 70 周年时，规模要发展为销售额 300 亿日元，员工 2000 人。"

我宣布了这个目标，并集中干部举办合宿⊖，讲述愿景，制订长期经营计划，开始采用新的机制。

员工和他们的亲属很重要，但是数字也很重要。

虽然没有宣之于口，但在当上社长的那一刹那，我就想摆脱以往的家族式经营，开始描绘"朝着明确目标，强化员工管理，打造实现愿景的事业体"的画面。

改革的第一步是将目标数字和现状进行对比，在干部会议上用明确的数字作为标尺说话……这是我原本的打算。

越受数字目标束缚，员工就越没有主动性

然而，随着干部会议一次又一次举办，会议气氛变得越来越沉重。

第三任社长在任期间，我曾以专务身份参加过干部会议。

⊖ 带过夜的集中活动、训练或学习。——译者注

那时的会议虽然谈不上一团和气，但至少大家踊跃发言，有时还会开开玩笑，最重要的是人们的脸上都有笑容。

可在我担任社长之后，人们的笑容消失了。参加会议的所长们"讨厌开会"的抱怨也时不时地钻进我的耳朵里。

"肯定会被社长批评""为了做好准备，以防被问到意想不到的问题，在会议的前一天根本没法睡觉"，干部们提心吊胆地数着会议到来的日子。

刚刚当上社长的我为了完成自己制订的长期经营计划，一味地执着于眼前的数字："不出结果不行！"

被眼前的数字所困，眼睛只盯着每月的亏损情况。

觉得自己明明在拼命思考，干部们却完全不开动脑筋。

希望员工积极主动，员工却一动不动。

那么，既然你们不动，我唯有提出更加明确、细化的数字，让你们动起来。

如今回想起来，这些全都是焦虑引发的臆想。

社长越因为数字而纠结，进而对干部施压，员工就越被目标所束缚，其主动性就消失得越快。

但是，扔出 iPad 时的我对此毫无察觉，一边提出宏伟的目标，一边以短视的经营方式将员工折腾来折腾去。

其实，在这种做法的背后，我还存着"希望自己这个社长被认可"的小心思。

在走马上任后，周围人常对我说："当一把手和二把手感觉不一样吧！"每当这时，我便答道："和当专务没什么不同，做的事和过去一样。"

但是,毫无疑问的是,我的确感受到了压力,并开始虚张声势。专务和社长似乎的确有些不同——我一面感到有些不对劲,一面强调用数字的形式体现利润。

只要这样,我就能超越父亲,我这个社长也能得到其他人的认可——虽然没有宣之于口,但在我心里,的确存在这样的想法。

帮助客户固然好,但有利润吗

其实,当时宫田运输的经营并没有多少危机,但也谈不上发展良好。尽管销售额在提升,利润却一直停滞不前,处于急需改变的状态。

譬如,在过去的宫田运输,只要客户有困难——"突然有紧急订单,明天之内必须将商品送到",我们总会想方设法帮忙。各个事业所把盈利置之度外,争先恐后地伸出援手,派出车辆。这就是宫田运输的企业文化。

在担任专务时,我还为这一文化感到自豪,可是,一当上社长,我就想:"帮助客户固然好,但有利润吗?"

"虽说数字不代表一切,但做生意并不是做慈善,不是吗?""不知道赚多少钱,只要对方有困难就帮忙,事业岂不是无法持续?还是需要一定程度的管理。"

还有,社长的重要职责是好好地管理组织和员工。

可是，这种思想忽略了中小企业经营中最关键的一点，**那就是信任员工，信任客户，信任人。**

特别是宫田运输这种一直以大家族主义经营的企业，过去不曾用数字进行管理，或者用数字来约束、驱动员工。

身为社长的我，思维方式出现了偏差。

尽管如此，过去松散的工作被突然抓紧后，还是产生了效果，并以数字的形式呈现出来。在我担任社长后的一年，销售额和利润都开始得到改善，所以，我对自身思想的偏差毫无察觉，依旧在干部会议上呼来喝去。

而本书开头的事故，就发生在这段时期。

"就在刚才，我的儿子失去了性命。我不知道谁对谁错，只希望你知道，我儿子还有一个读小学四年级的女儿。"

听了死者父亲的话后，我日复一日陷入苦恼之中。我终于意识到自己的经营思路有问题，却不知如何是好。

正因为热爱卡车，所以必有可发挥之处

我自小特别喜爱大卡车。

我出生长大的家就在宫田运输车库隔壁，我一直望着父亲驾驶卡车的背影生活。小学放学后，指挥完成任务归来的卡车入库，成了我每日必做的功课。

卡车驾驶员太帅了，大卡车太酷了！

我的梦想是成为一名卡车驾驶员，从小学、中学到高中，

这个梦想从未变过。

我经常跑去看事业所的车辆调度表。"明天那位大叔要去名古屋""去名古屋的话,应该半夜1点左右发车"——于是我半夜偷偷溜进车库,恳求驾驶员大叔:"大叔,带上我。"驾驶员大叔愉快地打开车门带上我,从大阪出发,前往名古屋和东京。

但是,因为是平时上学的日子,结果我旷课了,一回家就挨母亲训斥:"不能只顾着玩儿,不许跟车,快去上学!"可我还是几次三番地央求夜班驾驶员带我去体验那小小的旅行。

总之,我喜爱卡车,按捺不住坐上卡车的冲动。

那时坐在大卡车驾驶室里看见的风景,至今记忆犹新。那时,我每天想,长大成人以后,一定要开着这样的卡车跑遍日本。现实中,我也经常溜进停放在车库的卡车,拧开车上的收音机,玩耍着、幻想着自己正驶向东京。

我就是这样深爱卡车,认为从事运输业是自己的天职。然而,那一天,卡车带来的悲惨事故,给了我沉重的一击。我甚至想,既然卡车成了夺走他人性命的凶器,那么,世界上没有卡车或许会更好。

明明痛彻心扉,死者亲属却未用激烈的口吻责骂我。对这些善良得无法想象的人,我今后到底能做些什么?

在工作中,这个问题在我的脑中浮浮沉沉。我仿佛陷入一种"不再是自己"的错觉。在外人看来,我已然是一副意志消沉的样子。

尽管如此，物流工作还要继续。一天24小时，一年365天，员工们挥汗如雨，在现场勤奋工作，卡车仍然载着客户的货物在路上奔驰。

出事故后的一年时间，我一干完工作回到家，就把自己关进房间，扪心自问"宫田运输继续存在""自己经营和工作"的意义究竟是什么。

员工不是被评估管理的对象

那时，一位企业家前辈对我说："你不是很喜欢卡车吗？既然如此，与其让卡车消失，不如想想怎么让它发挥出更大的作用。"

这句话一下子击中了我的心，我开始朝着这个方向思索。

"**逝去的宝贵生命已无法挽回，既然如此，就让如今还活在世上的我、员工和周围的人绽放彼此的生命。也就是让每个人的生命闪耀光芒，这不正是我这个经营者至少能做到的吗？**"

"既然真心喜爱卡车，就应该用它来激发人生命的光辉。这不正是我能为死者和他的亲人做的吗？"

郁塞已久的心仿佛照进了一道光。

相信人心，相信员工，以"心"为基础经营企业的想法涌上心头。

这一刻，在我眼中，员工不再是被评估管理的对象，而是"一个个鲜活的生命"。当然，客户也一样。

身为物流公司的经营者，我应该为员工，为客户，为社会做些什么？这个问题不由自主地涌上心头，一些想法也开始浮现在脑海中。

譬如"儿童彩绘计划"，这个活动是在卡车尾部贴上写着"爸爸加油"之类话语的儿童彩绘。

详情容后再述，这是我在参观某中小企业时受到的启发。他们请孩子们创作工厂的安全标语，我们也借鉴了这个方法，从 2014 年开始举办"儿童彩绘计划"。

载着自己孩子的画和话语行驶在路上，驾驶员不仅心情愉快，更重要的是，他们会爱惜卡车，产生"要好好驾驶，不能丢人"的想法。同时，路上其他的驾驶员看到这些画，内心也会变得柔软起来。

事实上，这个举措取得了显著的效果，公司的事故率降低了 40%。驾驶员们猛加速、猛刹车的行为减少了，开车更细心了，油耗也降低了。

如今，在宫田运输之外，"儿童彩绘计划"已推广至 150 家企业，还漂洋过海到了中国。

活在不安中的日子太无趣

运输业是 24 小时 ×365 天全天候运转的行业。

"今天发生什么事的话怎么办？"——像这样每天活在不安中的日子实在太无趣了。我想，既然都是活着，干脆下定决

心，活在理想和梦想之中，描绘希望，带着爱经营。

销售额和利润固然重要，但是还有更重要的东西。

我决定重拾自己对卡车的热爱，尽情发挥这份热爱，做好一年 365 日、一日 24 小时的经营。

会议的举行方式也发生了变化。

首先，我向全体员工公开了所有数字。

各事业所的销售额、利润与目标值之间的差距，以及上一年度同比……不拘部门、职务，任何人只要想看，都可以自由地了解宫田运输的经营状况。

而且，会议不限于企业内部人员参加，还向所有人开放。

这就是一月一次在周日举行的"未来会议"。

大阪以高槻为根据地，福岛、爱知、福冈，各事业所的任何人都可以随意参加。这是一个开放型会议，人们只要提前预约就可以免费参加。哪怕同行竞争对手、其他行业的人都可以参加，就连家庭主妇、学生也可以参加。

上午的环节是各事业所发表业绩数字。

在会议现场，既有不熟悉管理的驾驶员向干部提出问题"为什么销售额没有提升"，也有临时工提出"目标太高了吧"之类的异议。

下午是学习。公司从外部聘请讲师，一起从事关于人的内在世界的学习。大家一起交流，还全体一起体验瑜伽课程。

重要的是触动人心。通过触动人心，培养对人的信任。

在过去摔 iPad 的干部会议上，所长们一发表业绩数字，我就立刻追问："为什么做不到？""只要这么做就可以，不是吗？"搞得会场一片肃杀之气。

然而，在"未来会议"中，参会者纷纷主动献计献策。尽管没有任何强制措施，但他们却接连不断对一线工作提出改进建议。

我终于意识到，经营者不必去想"怎么让人行动起来"，而只要去思考"人在什么时候才愿意主动行动"，一切便将水到渠成。

信任人，将目光投向善、良知和美好的心灵

通过本书，我想将自己走过的弯路和众多失败的教训，以及至今仍然在反复探索的经营方法分享给大家。

说起来复杂，其实实践起来很简单。

那就是信任人。信任人的什么？信任人的善、良知和美好的心灵。

但凡是人，就会有愤愤不平、发牢骚或抱怨的时候。尽管如此，只要我们用心感受，每个人都有自觉行动的美好心灵。让我们将目光投向这一美好心灵，不怀疑人，彻底信任人。

无须将管理挂在嘴边，不仅经营者，一切居于"组织人"立场的领导者真正应当做的，不过是这一件事而已——信任人。

现在，我在企业经营中唯有一个念头，那就是**"用爱干到底"**。

事实上，自从以"信任人"为基础从事经营，随着种种创新尝试，与过去"制定数字目标、把员工逼进死胡同"相比，公司的业绩正在提高，并向着良性的方向发展。

2012年，公司业绩为25亿日元，如今为40亿日元，经营利润也从接近1000万日元变为1.53亿日元。

此外，尽管运输企业经常被人们诟病"苛刻""黑心"，而且人才不足基本是常态，但我们公司招聘时却常常一岗难求，甚至还发生过近百倍的人前来应聘的现象。

发生这样的变化，一定是因为我依循自身的良知行事。

希望将本书献给有如下烦恼的商业人士。

为什么我的努力没有回报？

为什么部下不按照我的想法行动？

为什么明明待遇有了改善，员工却不肯留下来？

又或者，献给那些抱有**"我为你做了那么多，你却不领情"想法的人，为"每天工作辛苦"而感到心情压抑的人，为"不知道为什么工作"而感到不安的人**；献给所有在工作中有类似想法或感受的人。

宫田博文　日本宫田运输法人代表兼社长

2019年10月

第 一 章

01

"帮助他人"是
产生主动性的源泉

"互帮互助"的企业文化是怎么诞生的

为什么"互帮互助"的企业文化能在宫田运输扎根

在宫田运输,伙伴之间互帮互助的文化根植于企业。每当出现重大问题,员工就会自动自发从全国各地事业所赶来帮忙。

当然,这些行为背后并没有上级的指示,而且员工从外地赶来帮忙,也不会获得津贴。

所以其他公司的经营者和管理者经常问我:"宫田先生的员工为什么那么主动积极?"关于这一点,有几个原因。

在本章,我会讲述员工之间形成"互帮互助"

企业文化的奥秘。

我们的口号是"有了困难你就喊"

我向各事业所所长、各所长向员工都在传达一个关键语，那就是**"有了困难你就喊"**。

譬如，宫田运输有一个"宫田伙伴"LINE 群[1]，管理层都加入了这个群，共享日常工作中发生的一切状况。

只要有人遇到困难，就会在群里大喊"我有麻烦"，群中立刻热闹起来。

"恶劣天气导致高速公路无法行驶，配送中心的货物运不出去！"

"有车辆发生碰撞事故，车辆和货物都报废了！"

"事务所的服务器瘫痪，不能顺利调度！"

这些消息通过 LINE 群在伙伴之间迅速传递，连我在内的全体成员会立刻思考解决办法，如果需要人手，有空的同事就会尽快赶往现场。

在出事故时，"驾驶员有没有受伤？""有没有人在事故中受伤？""引发事故的人通常受伤最重，请大家跟进！""路上散落的货物怎么样了？""事故车辆怎么办？""联络收货方和

---

[1] LINE，类似微信的软件。——译者注

补送货物安排得怎么样？"根据现场情况，一个又一个判断被做出，一个又一个问题走向解决。

客户的货物延迟，卡车不够，像这样只要有人有困难，有富余车辆的事业所就会派车过去接应。

如果有的配送中心担心货物太重、仓库空间不够等问题，就会有人提议："时间不那么紧的话，我们仓库还有空位，可以暂时卸到我们这里，明天再送。"

在宫田运输，不是自上而下，而是自下而上地应对困难和麻烦；有一个同事遇到困难，大家纷纷驰援——就这样，在宫田运输中打破个人与个人和个人与事业所之间的壁垒，形成了互帮互助的文化。

另外，我们还不断在群里分享"有了困难你就喊"的案例——"这个月有这么一个例子"。

比如，人们从大阪赶去爱知事业所帮忙，这件事原本只有部分现场人员知道，但是通过"宫田伙伴"群，这个故事得以在全体员工中共享。

于是，来自现场的"感谢"变成了来自所有人的"感谢"。

结果，当其他问题发生时，同事们开始自觉守望相助。当这种变化遍及全公司时，从客观上看，生产效率、效能得到了提高。

比起命令，"帮帮我"的姿态更重要

自上而下、单方面的推动，无法让做事的人产生主动性和积极性。

比如，像我刚刚就任社长时所做的那样，集中管理人员，举行干部会议，追究数字责任。

管理人员感受到来自经营层的愤怒和危机感，并将这些感受带回工作现场，传递给员工，企图使员工紧张起来，但并没有多大效果。

因为，**对于现场的工作人员来说，经营层的焦虑和愤怒离他们太远。**

无论环境多么严峻，拿时薪的临时工大婶工作时间一到就打卡回家，这是她们理所当然的权利，管理者不应指责，更不应感到失落。

然而，当交货期真的迫在眉睫的时候，现场管理者的内心还是希望她们能留下来加加班，帮帮忙。

这时，管理人员只需要践行"有了困难你就喊"，对经

营层和现场人员发出求助信号就行。

不是发号施令，指挥"你这样做，他那样做"，而是大喊"我有困难""我需要帮忙"。通过这样毫无顾虑的求助，"全体共同解决一个问题"的伙伴意识便能普及开来。于是，不论兼职的阿姨还是驾驶员，都会主动开动脑筋，琢磨自己能做什么贡献。

比如，卡车驾驶员主动提出"只要有时间，我就不走高速，走普通道路""为了降低油耗，小心驾驶"。没有人要求他们这么做，这些是他们想要为事业所的数字做贡献而主动采取的行动。

没有回报也愿意干——在工作现场塑造这种氛围尤其重要。

不是驱使人行动，而是思考"人怎样才乐意行动"。我想，从这个视角思考问题，才是管理的本质。与其强制要求、强行推动，不如缔造互帮互助的关系。所以，我们的口号是"有了困难你就喊"。

"互帮互助"的氛围是企业最重要的财富

以前，枚方○的大米共配事业所发生过这么一件事。

枚方事业所从事的是特定产品的联合配送业务，就是把同类货物合并起来，一次性配送到各收货点。

他们主要配送的货物是大米。有一天晚上，订单暴增，仓库的理货人员严重不足。大米的配送地点包括餐饮连锁店旗下的各家店铺。回转寿司店若出现大米供应短缺，将是非常严重的事故。所以，必须按订单要求把货物送到。

但是，各家连锁店购买次日大米的订单由总部汇总后交给枚方联合配送中心时，通常是下午3时左右。然后，事业

○ 枚方市，与日本京都府和奈良县接邻。——译者注

所的工作人员驾驶着大卡车去大米厂商那里提取所需数量的货物。

卡车回来的时间一般是晚上 7 时。接着，上夜班的工作人员依照各连锁店的订单整理好大米，早上 4 时左右用小型卡车装好，从联合配送中心出发，在各家店铺开门营业之前送到。

这就是每日的基本操作流程。

事业所配送量超出预料，全国紧急驰援

因为某些原因，有时事业所接到大米订单的时间已经超过下午 3 时，那么一切作业都会顺延。

而且发货的数量也会因日子而有所不同。一般是一天 100 吨，在双休前的周五，有时高达 300 吨。当然，我们也会根据往日的数据，提前预测发货量增多的日子，增配人手，但有时还是会出现意想不到的状况。

事实上，事业所曾经遇到过订单发送延迟，同时运量超过预期的情况。

当时，枚方事业所所长在"宫田伙伴"群中发出"请帮帮忙"的求助消息后，冈山县的冈山事业所、爱知县的半田事业所，还有埼玉县的埼玉深谷事业所的同事纷纷从各地赶来帮忙。

那天，我们一起整理货物，一直工作到深夜，最后，货物终于得以顺利送达目的地。

仓库屋顶被台风吹走，员工全体出动搬面粉

在"有了困难你就喊"方面，还有其他全国紧急驰援一地的事例。

2018年，一场大台风袭击了关西地区。

天气对运输的影响很大。所以，平时仔细查看气象信息，是从事运输工作不可缺少的一环。尽管如此，我们从未经历过特大台风袭击大阪的情况，所以，当白天新闻报道"有强台风在靠近"的时候，我们还以为"只要安静地待一会儿，台风就会过去"。

但是，台风来得十分迅猛，下午大阪就变成了狂风呼啸之地。我虽然待在办公室里，却感到房子在风中摇晃，不知道的还以为发生了地震。

这时，一个个事故消息传来。正在送货的一辆大卡车和一辆8吨小卡车被强风掀翻。我们立刻对事故情况进行了了解，当知道驾驶员平安无事时，大家都松了一口气。不过，

这令我们再次意识到这次的台风非比寻常。

接着,"宫田伙伴"群里又传来消息。这回是宫田运输租借的大阪府的仓库屋顶被掀起。

那间仓库里除了有要交付给一家大型面包厂的包装材料,还有为客户暂时保管的面粉、葡萄干等食品材料。

配送中心每天需要根据面包厂发来的订单,分拣出面粉、葡萄干和包装材料,送往工厂。如果仓库屋顶被掀掉,雨水落进仓库,就会影响客户明天及以后日子的面包生产。

我赶紧赶去现场察看情况。

尽管离发送信息的时间不久,但仓库的部分屋顶已被掀起,大雨从那里横扫进来,仓库开始浸水。

我赶紧联系面包厂客户,告诉对方原定明天配送的面粉遭受损失。厂家当机立断,停下了工厂的生产线。

但是,事情并没有就此结束。虽然客户的生产线明天停工,但我们希望他们后天能够复工。因为,把货物及时送到本来就是我们的责任。

于是，现场员工分头给其他厂家打电话，询问是否有多余的面粉、葡萄干和包装材料库存，以期补足损失的货物。

所幸不过半日，我们就补足了仓库中被水浸坏的货物，并指挥驾驶员赶去各厂家提货，送到跟我们合作的面包厂。

此外，浸水的仓库中有许多货物逃过一劫，还没被水淋湿。除了出车的员工，大家一起将货物转运到京都南部的其他仓库。

然而，台风引起的麻烦并不仅仅出现在大阪仓库。傍晚时分，台风终于从关西境内过境了，但我们要做的事却像山一样多。

要处理在台风中侧翻的卡车，要处理因道路状况恶化而被耽搁的出车计划，还要确认各车的货物情况，联系收货方……

人手严重短缺。因此，我们在"宫田伙伴"群中呼吁，请求各地事业所增援。于是，爱知县和埼玉县的同事们连夜赶来，会开叉车的人被分配到仓库现场，总算将货物从浸水的仓库中取出，运往京都。

这些作业必须分秒必争。虽然台风已经离境，但屋顶还没有紧急修补，如果再下一场雨，客户存放在这里的重要货物就会再次被淋。

我们重新整理京都仓库，腾出地方给大阪运来的货物。空闲的卡车像活塞一样穿梭不停地运送着货物。连同增援者在内，员工们全体出动，几乎工作了一整晚。

原定在那个周末举办的"未来会议"被整整延期了三天。伙伴们十分辛苦，但是，伙伴们纷纷行动，没有一个人有怨言。从埼玉赶来的管理人员在通宵工作之后说"关东也受到了影响"，搭乘早晨第一班新干线赶了回去。

我真的为这样的组织而自豪。

帮助伙伴时不考虑成本

当然，各地赶来驰援，从成本上来看肯定是亏损的。

但是，在"有了困难你就喊"的默契下，同事之间一方有难，八方支援，我为这种文化扎根企业而感到高兴。

在这种时候，领导者也可以选择批评："你们在干什么？""考虑一下从埼玉赶来的交通费和住宿费，为什么不让附近的人过去！""枚方事业所所长对需求的预测太不严谨,应该提前做好准备!"

可是,我绝对不会说这种话。这并不是我刻意按捺脾气,我只是单纯地感到自豪:"这些家伙真棒啊!"我心中只有感谢。

"同事之间要相互帮助",有的企业将标语贴在墙上就完事了,但我们公司的人在同事发出"请帮帮我"的呼喊时,纷纷行动起来。与此相比,成本什么的只是小事。

接着,在"宫田伙伴"群或"未来会议"中,我们会分享"上个月发生了这么一件事",于是其他伙伴也觉得:"啊,原来真的会有人来帮忙。"

有求必应,照亮他人——这种意识得到了推广。于是,当一位伙伴在独自苦恼时,他的同事就会说:"不是说'有了困难你就喊'吗,大家都会帮你的,为什么不说出来?"如此一来,企业就逐渐形成了"互帮互助"的文化氛围。

不是待遇，而是"互帮互助"的氛围培养了员工的主动性

一位大企业的部长曾对我说："为什么宫田运输的员工能自动自觉帮助别人？真是不可思议。"

的确，自主行动的文化并不仅仅限于发生问题的时候。

譬如，公司总部的所在地高槻地区每年都会举办大型活动。

我们的商业活动和地区有着密切的联系。既然如此，我们想，是不是能够以某种回报地区的方式参与活动。

于是，从 5 年前开始，我们配合地区活动，举办面向儿童的职业体验会，让孩子们体验物流公司的工作。

首先需要筹措资金。我们从员工中征集志愿者，在活动期间，用两天时间摆炒面摊。结果，为了做一天炒面，大阪、京都事业所之外的同事也纷纷赶来帮忙。

我们一共召集了 30 位同事，创下了两天销售 170 万日元的纪录。因为第二天是工作日，活动结束后，大家又匆匆赶回所在的事业所。

从冈山不辞辛苦赶来的员工说："就像在日志里写的一样，今年冈山事业所的业绩差强人意，我们正感到难为情，这时听说活动需要志愿者。我在学生时代曾经在铁板烧店打过工，有炒面的经验，正好可以胜任。所以事业所的同事帮我凑了路费，让我代表他们过来。"

从他的话里，可以听出他迫切想为组织和伙伴做些贡献的心情。

我正面接受了他们的坦诚和渴望组织繁荣兴盛的心意，努力创造让这种力量充分发挥的机会。

假如，人被企业的条条框框束缚，就会受到各种制约，可能性也越变越窄。因此，参加企业外的地区活动也好，当问题发生时对身边同事的帮助也罢，总而言之，只要有用武之地，得到充分施展，每个人都会变得闪闪发光。

在宫田运输，今天仍像热血校园剧一般，到处发生着各种动人的故事。

我想，是"豁达接纳一切"的文化土壤，培养了主动行动的伙伴。

简单的人事评估，不以绩效为导向的评估制度培养了员工的主动性

员工的主动性和积极性高，和同行相比流失率低，招聘时应聘人数多——企业的这些表现使我经常被问："宫田先生的公司有特别的人事制度吗？"

老实说，每当这时我都有些为难。

因为，宫田运输在人事评估上根本没有任何特别的设计。

对于从事内勤的事务员和车辆调度员，即所谓的普通职员，薪资按照年龄和工龄计算。对于从事渠道配送、长途运输、短途运输等工作的各类驾驶员，则按照销售额，在基本工资的基础上根据出工状况发放一定比例的报酬。对于管理人

员，则按照主任、系长、课长等职位分为5个层级，结合年龄、工龄计算薪酬，整个评估机制非常简单。

我们没有采取按事业所销售额分配奖金的绩效评估制度。

枚方事业所120%完成目标，冈山事业所完成95%。如果放在以前，我会给枚方事业所特别奖励。

但是，物流业务的销售受到运输货物种类及地区的左右，这些因素不是现场员工通过努力能改变的。

既然如此，用销售目标、销售额对事业所之间进行比较，很容易做出有失公允的判断。

有的事业所尽管墨守成规，也能完成目标；而有的事业所即使上下齐心，努力改进，却仍旧与目标还差一些距离。

如果只看数字，给前者发奖金，整个公司的主动性就会下降。

因此，如今各事业所得到的奖金都一样。对数字表现突出的事业所，在后面也将讲到，我们会在"未来会议"之类全员瞩目的场合给予称赞表扬，给予反馈，为他们的成功打上"聚光灯"，不过，除此之外没有任何物质奖励。

过去，我的想法是"为了员工"，而现在变成"陪伴员工"。

以绩效为导向的薪酬体系或许能收获短期效果，但从长远计，无法成为企业的财富。因为，假如一个组织的每位员工只追逐上级要求的数字，不但不会产生互相帮助的精神，而且不会产生主动性和积极性。

当然，我的这种关于评估机制的思想，并不能得到所有人的认同。

事实上，有父子三人在同一个营业所工作。他们反对我对方针的调整，父亲和哥哥离开了公司，只把弟弟一个人留了下来。

但是，一年后他们回来了。他们说："在其他公司工作以后，才察觉宫田运输的集体多么温暖。"

这件事让我对自己选择的方向有了自信。

我思考的是，与其通过绩效拉开人与人之间的差距，激起竞争，还不如打造"全体都是宫田运输的伙伴"这一集体意识，向前发展。

员工有困难可以从公司借钱

另一个就是宫田运输的家族主义体制，在采访中，人们经常问我"那是真的吗？"

比如，我们会给员工提供小额借款。这种小

额借款以预支薪水的方式进行。如果员工"要车检""家里人需要住院""举办追悼会需要钱",我们就会为这些临时需要资金周转的同事提供小额借款。

虽然,最终的批准者是我,但只要各事业所所长联系我:"某某有这个情况,希望能借钱给他",我就会同意。因为,如果所长判断可以借钱给某个人,意味着该事业所的其他员工都已经了解他的特殊情况,不会产生不公平感。

这时,假如我心存怀疑:"他的情况我知道了,不过那是真的吗?"这个机制就无法实施下去。

假如员工想借20万日元,在协商的基础上,每个月还款1万日元,20次还完;假如每个月还5000日元,那么40次还完。只要员工定好还款方式,我就将钱借给他。

为什么需要这种机制?因为我希望员工不要为钱烦恼,把注意力集中在工作上,以免发生事故或出现失误。

此外,假如他们向金融机构申请个人贷款,有时会让生活陷入困境。

因此,我悉心营造"员工有困难时能放心申请"的氛围,以"不懂得自我管理"为由推开员工,不会带来任何好处。

亲人有困难,我们就伸出援手;因为想帮忙,所以支持。
由于机制简单,所以员工一有为难事就会找我们商量。

就这样，互相信赖形成良性循环，顺畅地发挥着作用。

过度管理导致畏缩，新价值无从诞生

用优厚的待遇去吸引人，总会遇到瓶颈。

习惯了拿5万日元补贴，就会想要6万日元、7万日元。

习惯了每周休息2天，就会希望休息3天。

此外，用管理手段驱使人，效果也有限。

看看企业中发生的丑闻，几乎无一不是这两者之一达到极限后引发的事件，而这些事件本不应该发生。

因为害怕被扣上"职场暴力"的帽子，上级不得不顾虑下属的想法，因此总是避免面对面交流，而采用可以留下文字证据的邮件或信息等沟通方式。或许，有些企业能将这种方法耍得得心应手；或许，这是规避风险的精明办法。但我选择走不同的路。

对企业经营最重要的，是让人们原本拥有的良知及共通的优点彼此相连。

靠强制，人是不会行动的

回顾过往，我自己也有过许多可耻的失败。一提起驱使人，我脑海中立即浮现出我 22 岁时的事。

当时，宫田运输是一家大型食品厂物流中心的干事企业[一]。

我被时任社长的父亲提拔，最初以驾驶员的身份进入现场，后来通过承接其他公司不愿意做的工作，使宫田运输逐渐成为统筹运输的干事企业。

那段时间，我开着心爱的卡车为客户服务，每天过得快乐无比。

但是，宫田运输才刚刚成为干事企业，担任领导职务的

[一] 承担统一调度进出该物流中心的 7 家运输公司工作角色的运输公司。

老员工突然辞职了。现场自然一片混乱。

这时,父亲将我唤来,下了一道命令:"从明天开始,你就是所长。"于是,我这个22岁的黄毛小子在那家大食品厂的物流中心借了一块地方当作事业所,成了所长。

老实说,我原本可以快乐地驾驶大卡车,现在却没办法亲自上阵,心中感到无比遗憾。但是,现实就是现实,领导工作必须有人做,于是,从客户谈判到调度驾驶员,我承担了所有统筹的工作。

然而,我从未接受过任何带团队的训练。

22岁的我根本不知道应该怎么做,只好挥舞着"职权"的大棒,以命令的口吻强行推动人们行动。

领导的居高临下带来的挫折

当时,食品厂的运输业务在宫田运输的销售业绩中所占的比例很大,接二连三做出成绩的我可谓自信满满。

对新来增援的老驾驶员,我以强硬的作风分配工作,屡次和因害怕辛苦而畏缩的驾驶员发生矛盾。

现在想来,我十分理解他们:20岁出头的黄毛小子仗着所长的职位,用居高临下的姿态强压紧张的日程,难怪那些老驾驶员的不满日益高涨。

调度车辆时,我不但不能体会老驾驶员的心情,还急冲冲地训斥他们"没有用""不干活"。

不管怎样,许多驾驶员的年纪都比我大。被年纪轻轻的所长呼来喝去,实在很没意思。

"我做不到。"

"不想做就滚!我来开!"

我心中一边说"人手不足,没办法",一边却暗想自己终于可以驾驶车辆了。哪怕是补位,只要能驾驶卡车我就很高兴——在我的心里,其实还存在着这样幼稚的想法。

然而,几次冲突后,数名驾驶员辞职离去。

当时,有的驾驶员曾跟我扭打在一起,有的驾驶员砰地猛踹卡车,咒骂着扬长而去,从此以后再也没有出现。

尽管如此,我不懂其他办法,还是高高在上地、拼命地一次次强迫他们。

令我意识到错误的是一位和我同龄的女驾驶员。

"所长总说'客户第一、客户第一'",她脱口道,"**但是,其实员工才是最重要的,不是吗?要实现客户第一,没有员**

工是不可能的！"她一边哭一边指责我。

只可惜，她的这一心声却是在提出辞职后才表露的。正因为马上要辞职了，她才能将一直压抑着的想法尽情地表达出来。

的确，无法为员工创造充分满足需要的工作环境，最终不可能实现"客户第一"。她的肺腑之言令我幡然醒悟，至今令我记忆犹新。

在阪神淡路大地震中学会"人为什么行动"

就在这时，大地震发生了。

1995年1月17日。

震级高达7级的大地震袭击了关西，那就是阪神淡路大地震。

我担任所长的物流中心有罐型车，平时我们在罐子里装满醋，运到盒饭工厂或食品工厂。

地震后，食品厂的主管委托我们："希望你们清洗所有罐型车的罐子，装满救援的饮用水和生活用水，给灾区运过去。"

对于这一想法，我们也十分赞同，于是开始给灾区送水。但是，地震后的道路大都支离破碎，只剩下一条需要耗费半天时间的翻山道路。

第一辆送水到灾区的罐型车赶回来时已经深夜,也就是跑一个来回需要整整一天的时间,驾驶员的体能消耗很大。

驾驶员那么劳累,一定满脸不高兴吧。被分到那么辛苦的任务,他们肯定会发上一两句牢骚吧。

我做好了被埋怨的心理准备,走到那些老驾驶员身边。他们却一脸认真地说:"马上把罐子装满,我们马上要赶过去。"

平时调度车辆时,任务稍微紧张一些他们就愤愤不平、满嘴牢骚,如今却强打着精神也要前往,这种态度的转变令我大吃一惊。

于是我问:"为什么要赶回去?"他们说,灾区里有许多拿着矿泉水瓶排队的灾民。水一送到,那些排队的老婆婆们就问:"谢谢大哥。下次你们什么时候过来?"

"所以,要马上装满水赶过去。"他们说。

人有为他人自发行动的精神

然而,这是一场不眠不休的运输。

我劝他们"休息一下比较好""你们还没睡觉吧""不要硬撑着",但是他们一边说"让我去吧""还有人在等着我",一边手脚不停地装东西。最后,我拗不过他们的热情,只好让他们带上我妻子做好的饭团，目送着他们驾驶罐型车向灾区再次进发。

那时，看到他们拼命的样子，我发现自己对这些员工已刮目相看。

让驾驶员心怀不满，心不甘、情不愿工作的是我。是我罔顾他们的想法，颐指气使，强行摊派任务。

只要激发驾驶员自身的意愿，创造出让他们觉得"不去不行"的环境，他们就会满怀使命地驾驶卡车。

为了那些等候在灾区的老婆婆，驾驶员们一改不情愿的神色，一边说"让我去吧"，一边握住方向盘。

过去，我认为都是那些成日抱怨的驾驶员不好，**但是，他们也有"废寝忘食帮助他人"的意愿。是我没有激发出他们的这种意愿。**

"你们为什么不肯干？！"在苛责他人之前，我没有率先相信自己的同事，更没有努力去体会对方的心情，为对方着想。

我决定信任人,打造人们乐于选择和支持的企业

在"自序"中提到的人身事故后,我决定"在经营中彻底相信人"。我还决定打造"员工和社会乐于选择和乐于支持的企业"。

这个想法在我心中逐渐凝结成形。用词语来表达的话,或许可以把它叫作"理想""希望""爱"和"志向"。

要说相信人的什么,那就是"人心"!

正如前面所述,平时再愤愤不平、满嘴牢骚的人,心中都有善良的一面,他只是没有得到表达善良的机会。

彻底相信人心

想对别人有用

想成为一个能帮助别人的人

想和伙伴一起成就些什么

人人都有这样的想法。

经营者和现场领导们最应该做的,就是相信一件事:固执而不肯听劝的年轻人也好,冷眼旁观、我行我素的老员工也好,因疲于奔命而目光短浅的骨干员工也好,人人都有一颗善良的心,都怀有"想要帮助他人"的想法。

我认为,要彻底相信人心。

这与部下怎么看待领导无关。

对我而言,就是做了一个决定:珍惜自己从小对卡车的热爱,彻底相信他人。

我长大成年,成为社长之后,把小时候单纯的愿望遗忘了。但是,惨痛的事故教训让我发觉:"对于需要依靠别人工作的领导者而言,最重要的是拥有一颗纯粹之心。"

之前我总是想,因为我是社长,所以必须这么做,必须做出超越父亲的成绩,必须回应周围人的期待，必须展现自己的实力……

但现在我决定，将这些欲望或虚荣放在一边，在当下的工作中尽情追逐小时候的梦想。我觉得，这样一来，员工也会觉得"啊，挺不错的"，然后也开始表达自己纯粹的愿望。

事实上，在我决定相信人并付诸行动的瞬间，我对待别人的方式改变了。我还邂逅了更多的人，宫田运输周围的环境也逐渐发生了巨大的变化。

用道理来管理，只会带来"被强迫感"

我们总是依赖所谓的道理。

期待设定机制 A，就可以产生变化 B，从而得到结果 C。

譬如，大家都认为只要制定目标，实施管理，就能提高效率，产生更好的结果。那些号称"咨询专家"的人对处于业绩上升期的中小企业或创业型企业常提出类似的建议。

从事家族式经营或依靠创业方式经营的企业，很容易被外人指出存在的"浪费"，经营者和现场主管也深以为然，从而接受这些建议。

但是，这些企业一旦实际尝试外来的做法就会发现，这些措施即使能够产生短期效果，但从长期来看却并不理想。

因为，每家企业原本存在的工作乐趣变淡了。

每当上级加强管理时，现场工作人员就会产生一种"不得不按吩咐做事"的被动感，于是，工作本身的乐趣便减少了。

按吩咐完成任务就行——这种工作方式使新的创意不断消失。在刚刚加强管理的阶段，作业效率的确会有所提升，短期报表的数字也会有所好转。

但由于来自工作现场的改进方案减少，从长期来看，业绩将呈现发展滞缓或下滑的趋势。这时，经营者和现场主管就会寄期望于更高明的"道理"。

也就是说，他们认为，只要优化数字目标，实施更严格的管理，更频繁地审查进度，就能扳回业绩。

但是，仔细想想就明白，这是恶性循环的开始。

一旦现场人员感到"必须按吩咐做事""必须向上级汇报好结果"，就会变得被动消极，"被强迫感"就会变得强烈。

结果，基于现场的创新、针对实际情况解决问题的思索、克服困难的主动性和行动力都将偃旗息鼓。

最终，经营状况不但得不到改善，反而呈现恶化的态势。于是焦躁的经营者进一步强化管理，让整个组织变得更加死气沉沉。

不是管理，而是"创造伙伴"

我想，"既想用道理来管理，又想发挥人的主动性"这条路看来行不通，那么，不如表达领导者的愿望和想法，用这种方式经营企业，岂不是最能打动人心？

我不喜欢用"管理"这个词。

我希望每个人都能察觉自身拥有的愿望和想法，并将它们发挥出来；我希望提供令人得到启迪的场所，创造出让这些启迪充分发挥作用的环境。

用心在企业中营造这种环境，并为之行动——我认为这是经营者的职责。

不管是5个月还是5年，只要每个人能迈出主宰自己人生的一步，这就是企业的财富。

换句话说，只要共有彼此的愿望，人人依循自己的良知工作，结果自来。

要想企业成长，员工必须幸福。

不仅数字，人的成长和主动性才是企业持续发展的动力。

第 二 章

02

相信每一个人，把事情托付给他们

激发员工主动性的体制

彻底相信人的会议——未来会议

"彻底相信人的经营""成为人们乐于选择、乐于支持的企业"——在下定这个决心之后,我暗暗给自己定下4条规则:

- 相信所有人都有优点;
- 用心对待员工;
- 员工无法发挥长处是公司的错;
- 经营者的作用是提供让员工士气高涨、努力工作的环境和机会。

我每月举办一次经营会议,这个会议被称为"未来会议",它是我实践这些规则的场所。会议在周日举行，员工可以自由决定参不参加。此外，同行其他公司、其他行业的人士，地方上的居民，任何人都可以参加这个会议。

这个会议成为不分部门、职务和立场，人人主动思考企业事务的场所。自从公司开始举办不分内外、任何人都能参加的"未来会议"以来，员工在发挥主动性时所迸发的巨大力量再次令我感到惊叹。

在以往的干部会议中，我们用目标、销售额等数字作为衡量工作的客观标尺，企图用"道理"推动人们行动。

"明明制定了某某目标，还差多少数字没有完成，原因是这样的，所以要做出如此这般的改进。"

看似分析得头头是道，在场的人都能理解。

但是，下个月、下下个月的情况没有得到改善。因为现状迟迟没有改变，经营者开始烦躁，于是，与会干部察言观色后采取行动，以求平息经营者的怒火。

等待指示、投领导所好、找替罪羊……

越是用数字作为尺子衡量工作，越强调"合理化"，员工的主动性就消失得越快。

当然，有时自上而下的举措也能使情况得到改善。如果经营的目的只是为了提高数字，这么做也无妨。但对于我来说，尽管在脑子里认为应该追逐数字，但心中盼望的却是人的成长，是全体员工怀着希望工作，获得幸福。

说得明确一点，尽管数字提升了，但我并不快乐。

因为，我的心并不感动。那么，是不是我做错了？

正因为有这个想法，我取消了过去的干部会议，开始举行"未来会议"。

会议和职务无关，全体员工可以自由参加，也有干部因为家里有事不来参加。

我毫不介怀。在孩子有活动的周日，员工即使出席会议，也是人在心不在。在这种状态下，员工只是人坐在那里，心不在焉地翻着资料，根本不会有新的想法。

这样的人只要找其他机会参加就好。

临时工阿姨的一句话，解决了常年未达成的指标

在某天的"未来会议"，发生了一件事。

当时的议题是"清洁托架"。

各个事业所有大量载货托架,从卡车卸下的货物需要先在托架上摆放整齐,再用叉车等搬运。

合成树脂制成的托架如果不定期清洁,就可能弄脏货物。我们和托架租赁公司签了合同,替他们从宫田运输的各个客户的作业现场回收托架,并清洁后交还。

目标是每个月3万个,这个目标被划分给各事业所,并制定了每月清洁托架的指标。但是,这些指标经常完不成,这几乎成了常态。

现场员工认为清洁托架不是物流公司的分内工作,是旁枝末节。

托架本来就不是我们公司的物品。而且,使用到一定期限的托架将被交还给租赁公司报废,更换新的。现场负责清洁的员工大概也会因此产生"反正迟早要换"的想法。

尽管存在这些背景,但如果能完成清洁3万个托架的合同,公司将得到一笔稳定的收入,这对企业而言具有重要的意义。当然,在以前的干部会议上,没有完成指标的事业所所长难免遭到我的训斥。

"为什么做不到?你有没有(跟下面的人)开会?"

"适当安排人手,定好作业时间,努力去干不就成了?"

被训斥的所长回到事业所，大概也会训斥负责这项工作的人。可完不成指标的情况仍旧一连几个月得不到改善。

然而，刚开始举办"未来会议"，这个问题一下子就被解决了。

当天，在现场负责清洁托架的临时工阿姨也出席了会议。

当所长谈到"一个月清洁3万个托架的指标无法完成"时，一位临时工阿姨举起手：**"社长，清洁3万个托架其实很简单。我明天去现场和大家说说，没问题的。"**

所长绞尽脑汁，耗费好几个月都无法改善的问题，一线的阿姨能够解决吗？我半信半疑地拜托她："那就麻烦你了。"

结果一个月后，清洁3万个托架的指标完成了。

假如用道理来分析的话，事情可能像下面这样。

负责清洁的员工并不理解事情的来龙去脉，"托架的用处是什么，为什么要把它们弄干净？""清洁托架会带来什么效果？"

所以，当接到"清洁托架"的命令时，他们觉得"反正很快就要换新的"，于是优先处理其他工作。

那么，是否只要所长详细地解释事情的来龙去脉，说清楚做事的理由，再发出"去干"的指令，事情就能顺利发展？我不敢苟同。

人因为理解工作的意义而行动

即使所长说："因为这个原因，这个月必须完成3万个"，员工也不会产生行动的意愿。因为，所长的话只是上位者"披着请求外皮的命令"。

参加未来会议的临时工阿姨通过亲自阅读资料，了解清洁托架这份工作发挥的作用，发自内心地认同"清洁托架对送货方和收货方都很重要"，进而开始思考怎么完成指标。

而且，她坚信只要现场员工和自己一样产生干劲，安排好其他工作，就一定能完成清洁3万个托架的任务，因此举起了手。

当一个人打心底想做一件事时，才会发挥自身的主动性。

自己在工作现场所做的事具有怎样的意义，自己在整个工作流程中扮演了什么角色，自己的工作结果是否为别人提供了帮助，有什么帮助，发挥了什么作用——当人明白这一切时，就会产生"我想做"的行动意愿。

未来会议是一个事无巨细、一切公开的开放型会议。

人们只要参加会议，就能了解公司的工作人员分属哪个部门，以及自己的工作对宫田运输具有怎样的意义。

清洁托架是其中的一个例子。我认为，既然未来会议能够让人产生行动意愿，它就有继续举行的意义。

哪怕几个月举行一次也好，只要会议能令某个人意识到自己工作的价值，发挥出主动性，它就具有意义。

仅凭分析道理解决问题，即便数字上有好转，但如果支撑该项工作的人得不到成长，成果就无法持久。

磨灭人主动性的会议，开得再多也没有意义。若想塑造一个助人成长及良性发展的企业，关键在于创造一个一切开诚布公、便于人们参与的场所。

令参加者落泪的会议——未来会议的内容

前面说过，未来会议采用完全自愿的原则，而且在周日举行。

假如你是员工，公司在休息日举行会议，既没有补贴，不出席也不会挨批评——你会参加吗？

在未来会议刚刚举行的时候，我也曾感到不安："如果没有人来怎么办？"我的不安似乎传染了各事业所所长，他们也在偷偷盘算自己的事业所来了几个人，有的所长似乎还曾强行要求员工参加。

只是，如果因为看某个人的脸色而参加未来会议，那么这个会议就失去了意义。

因此，为了丰富会议内容，我费尽了苦心。我希望大家参加一次后还想再来，或者"想来这里见见伙伴"。我希望会议能给大家带来这种感受，最后全体员工都来参加。如果这样，宫田运输就能成为最强大的组织。怀着这个梦想，我为会议倾注了许多心血。

现在，未来会议的流程如下：

第一部分 09:30—12:30 运用数字培养人的经营会议

第二部分 13:00—14:00 瑜伽

第三部分 14:00—16:00 培养善与爱之心

上午是汇报环节，各事业所基于厚厚的、写满经营数字的资料做汇报。这些资料不分内外人员，参会者人手一份。

起初，也有声音担心公司机密外泄，但是，我认为没有丝毫隐瞒的必要，于是毫无保留地公开。

在与会者当中，有的所长神色黯淡。

我问他："为什么脸色那么差？"他当着大家的面说："这个月的业绩不理想，事业所的销售额低，觉得很不甘心。"这时，社长用什么态度回应，将决定企业文化向着什么方向转变。

"既然不甘心，下个月就好好努力"，如果社长这么回应，**员工大概会去追逐数字**。但是，我虽然公布了所有数字，却并不执着于数字本身。

我说：**"不甘心是好事，但各位不要拘泥于数字。数字这种东西，是盈是亏都无所谓。"**

一旦社长开始追逐数字，越认真的员工感受到的压力越大。为了做出数字成绩，追求效率，他们很可能会忽略安全。所以，在所有人中统一这种立场是有意义的。

但是，财务主管露出不快的表情："社长，您说数字这种东西无所谓，我们感到有点难过。"

总之，我不希望员工说出"因为公司的吩咐""因为必须完成数字"之类的话。我在意的是，大家能否自主找到工作的意义和乐趣，自主判断、主动行动的人有多大程度地增加。

假如上级说"这么做不就行了吗"，认真老实的员工必定服从，代价是个人主动性的消失。这样做毫无意义。

成长需要守候。

比起实现眼前的数字、解决当下的问题，我们有更应该做的事。

一边描绘未来的蓝图，一边经营企业，没有比这更有乐趣的事了。

明确每个人工作的理由

在未来会议中，比过去更详尽的数字被全部公开。每个月一如既往设定目标数字，也用分部门目标管理表细致地汇报业绩的完成情况。

但是，这么做的目的并不是追求数字，而是为了便于来自一线的我们学习。当我们用这种心态展示数字时，就连卡车驾驶员、临时工阿姨都会尽力从各自的工作岗位解读数字。

这种做法与强推着人去实现数字不同——虽然很难用语言形容，但感觉就像在利用数字培养人。

比如，在某天的未来会议上出现了这样的互动。

有人直接对某事业所的利润提出质疑："为什么利润这么低？"该事业所的负责人慌张起来。从数字上一眼就能看出，利润相对于销售额来说的确很低。

大家想："只要缩减成本，好好努力，利润就会增加，不是吗？"这也难怪。如果从局部最佳的角度考虑问题的话，得出这样的结论无可厚非。但是，在工作现场，存在着数字无法反映的实际情况。

这个事业所的利润之所以低，是因为他们用的是罐型车。

于是，我向大家解释："不，罐型车的利润是很薄的。"

因为，使用罐型车是为了运输客户的指定货物——醋。制造厂直接将醋灌进罐子里，然后我们把它运到加工盒饭之类的食品加工厂。

和其他的卡车物流不同，卸空的罐型车不能装载其他货物，奔往下一个送货点。因为运送的是食品，品质管理十分严格，所以也不可能为了提高运转效率而装载其他货物。

也就是说，罐型车的运转率和其他车辆相比明显要低。而且，订单量也随着客户需求波动，在工作上比较被动。

若想提高数字，唯有提高运输单价。

听了我的解释后，有人提议："既然赚不到钱，就别干了吧。"但是，我们并不打算停止提供罐型车业务。

因为，从整个宫田运输来看，那家食品厂是非常重要的客户，在它给我们的非罐型车业务上，我们是盈利的。

此外，正因为有了罐型车，在阪神淡路大地震时我们才能送水到灾区。对这一点，我们感到很自豪。

这些就是单纯追求销售额、利润数字所看不见的价值。但是，我们应该关注这些看不见的价值，努力让员工理解"为什么这个工作很重要"。

就这样，我以关注优点的视角点评各事业所的报告，上午的环节就此结束。

与伙伴共享自身的存在价值

午餐及小憩后，我们邀请了田中智子小姐、野泽卓央先生两位外部讲师为我们上瑜伽课和举办工作坊。在用瑜伽提振身心后，再用工作坊的形式深度挖掘全体参会者的人生观。在这个过程中，伙伴之间各种各样的纽带也逐渐浮现。

譬如，公司要求一个员工从驾驶员转岗为车辆调度员，他却坚决拒绝："不干！"可在工作坊当中，他对大家说："我希望在死的时候，伙伴们能记住我，为了这个，我可以做大家要求我做的工作，为大家发挥一点作用。""虽然我不知道自己是不是能干好，是不是有潜力，但我愿意进事务所做调度工作。"

大家一起共享这个氛围，彼此的感情就会越来越深。

在最后的座谈会，参会者讲述彼此的人生，常常出现人们感动得潸然落泪的场景。

未来会议是能令参加者落泪的会议。

来自员工的提问由其他驾驶员或临时工回答

在上午的"运用数字培养人的经营会议"上,参加者的互动方式也与一般的会议有所不同。

打个比方,外来人员对事业所的具体数字、车均销售额走势等提出的疑问,一般来说,应该由所长等管理人员回答。

但是,只要驾驶员本人参加会议,尽管磕磕巴巴,他也会认真地回答问题。有时,负责仓库作业的临时工阿姨也会从自身角度汇报当月的货物情况。

我原本想通过公开极为精确的数字来推进会议进程。然而，当看到这些场景时，我突然觉得"数字什么的其实无所谓"。

重要的是，一周上三次班的临时工阿姨把公司的事当作自己的事，用自身的感觉把握事业所的营收动向。驾驶员努力站在事业所或公司全局的立场，去看待自己驾驶的卡车所发挥的作用。还有他们努力用自己的价值观和语言向外部人员表达想法的精神。

经营层对临时工阿姨指出的问题表示钦佩，新驾驶员提出的朴实问题为改善运输体制带来启发，还有，现场人员对反复精心计算的业务改进措施毫无反应……

价值观差异的显现带来了意想不到的"剧情"和发展，这给我带来了很多乐趣。

大家在会议上并不穿西装或正装，但我能感受到人们聚在一起，努力为宫田运输发展奉献的精神。

在会议末尾，我们请参会者用一句话表达自己的感想。

有一次，一位首次参会的大物流公司的员工说："我第一次见到这种会议，每个人都那么真心实意。"说着流下了眼泪。

在次月的未来会议，这位员工带着同事和部下一起出席。哪里能够打动人心，人们就会回到哪里。

对人的关爱吸引了公司之外的人

每次参加未来会议的宫田运输员工有60人。295人中有60人参加,参会者大概占员工人数的两成左右。虽然,随着会议的一次次举行,参会人数也在增加,但今后还大有发展空间。

不过,我们从福冈到福岛都有事业所,这些事业所相隔较远,所以我经常收到员工这样的反馈:能见到平时见不到的人并和他们交流,十分开心。未来会议成为培养伙伴意识和集体精神的场所。

加上地方上的居民,合作企业、同行企业、银行等各行各业的人也来参加。如今在"儿童彩绘计划"官网上有参加"未来会议"的申请表,和物流行业毫无关系的其他人也可以申请参加会议。

前些日子,有一位参会者说:"我住在带广㊀。我是从facebook(脸书)上看到(这个会议)的,很感兴趣,所以前来参加。"我十分惊讶。

我问他:"您对什么感兴趣?"他回答:"对人的关爱。"原来,他是被爱吸引来的。大概因为这

㊀ 带广位于北海道,离大阪很远。——译者注

信任员工
用爱经营，构筑信赖的伙伴关系

样的企业会议很罕见吧。

经营企业是一件令人不安的事。

不能让企业破产，不能让员工流落街头——在过去的日子，我也不是没有这么想过。

还有，出现投诉或事故怎么办？那些家伙真的在好好干吗？在经营者内心的某个角落，也埋着不安的种子。

正因为如此，才需要相信人。我决定相信伙伴。

我们让与会人员将未来会议上派发的资料全部拿回家，也是信任人的一个表现。

未来会议资料中的数字完全将宫田运输的经营状况展露无遗，一切都是公开的。

起初，财务人员担心地说："各事业所的员工姑且不论，至少发给其他公司和一般民众的资料，会议结束后应该收回吧！""信息泄露会带来问题。""会计顾问也说这么做不妥。"

但是，我并不认为严密的管控是创造优秀企业的条件。我说："把资料发给人们，让他们带回家，如果这么做存在问题，请掌握事实依据后再说类似的话。"

如果对方并没有具体的事实依据，只是"担心出问题"，那么我会告诉他："更要相信人。"

因为恐惧和不安而揣测、区别对待、管理——自从那次事故之后,我已经决心结束这种经营模式。

经营的基础是希望、理想、爱和树立志向。一旦人下定决心这么做,不安就不会出来作祟。对我来说,"未来会议"也是检验我这份决心的地方。

因为我已经转变思想,决定要为伙伴而行动。

信任员工
用爱经营，构筑信赖的伙伴关系

未来会议是反馈和认可的场所

有人问我，为什么要在未来会议上公布所有数字？我的回答是"为了给员工打上灯光。"

通过共享数字，人们可以看见自己所从事的工作与经营之间的联系。在工作人员心中的确存在"参与经营"的愿望。尽管这些愿望平时并不外露，却能通过数字的形式呈现出来，进而激发出人们参与经营的集体精神。

我和经营干部并不会基于数字发号施令："你这么做，那么做"，重点在于让大家看到数字。这么一来，上完夜班还赶来参加未来会议的驾驶员竟然主动提议："我在时间宽裕的时候可以下高速，走普通道路，这样就能减少成本了吧。"

削减的成本不会成为提议者的奖金，即便如此，员工也自发地想要为企业做些什么。每当这时，我就会坦诚地表达自己的感受："太难得了，我很感动！"

关键在于反馈。倘若社长只在心中默默感谢，对方就感受不到。对于员工发自内心提出的每一个建议，社长都要做出回应，哪怕只是短短的一句话，也能成为联结彼此的桥梁。

此外，即使不是当场发言，每当我读到员工工作日志中的小故事，心中感到"很棒"的时候，也会告诉对方："最近读了你日志中的故事，我真的很感动。"

或者，当我听到某课长在打卡下班后还在仓库工作，我会在全员关注的未来会议上表示："你最好别那么做。你有这份心意我很高兴，但不必做到那个地步"，接着说，"如果不这么做，仓库的工作就无法完成的话，那么让我们所有人一起来研究改进的办法。"

课长也会明白"自己的行动及行动背后的意

义被看见了",因而有所感触。

因此,在未来会议中,我特别注意为每个人的现场工作"打上灯光",因为这些工作平时都藏在"光线"之后。只要员工感到"原来社长都看在眼里""原来所长知道我",下次就会更加积极主动。

反过来说,我出席"未来会议"所做的工作,不过仅此而已。

给每一位员工打上灯光

如果有人对我们所做的事"打上灯光",我们会十分高兴。因为这满足了人对自我价值认同的需求。

在"未来会议"后的恳亲会上,员工山本阿姨告诉我:"我能正式转进宫田运输真是太好了。"

山本阿姨一直在仓库工作,她以前是一家大劳务公司的派遣员工㊀。那家企业撤出了劳务行业,于是她正式转入宫田运输。

当问及原因时,她答道:"尽管所做的工作没有改变,但以前干得很不情愿。自从来到宫田运输,我觉得每天去仓库变成了一种乐趣。要说有什么不同,大概是知道有人在关

㊀ 日本人才或劳务公司派出的劳务人员。——译者注

注自己吧。"

再问得具体一些，似乎正当她发愁怎么才能转进宫田运输时，我主动对她说"没事的"，还拍了拍她的脑袋。她说那是让她"爱上公司的魔法"，还说"从此人生改变了"。

我哪里有什么魔法！我只是把内心的想法用语言坦诚地表达出来，不带任何得失计较，一心只想鼓励她，才有那样的举动。大概，这深深地打动了山本阿姨的心。

山本阿姨现在正在养病。

"刚刚发现得癌症时，心情有些低落。前几天，为了给自己打打气，我去了公司。但是您不在，我还郁闷了一会儿，幸好今天见到您了。"

在前几日的未来会议上，山本阿姨一边说一边笑了起来。幸好，她的病好转了。

另外，在一次未来会议上，一位秘鲁籍的日裔驾驶员带着母亲一同参加，他代表事业所做了汇报。儿子的日语十分熟练，但母亲以前在秘鲁生活，日语水平只够打招呼的程度。由于无法融入日本社会，她只好把自己关在家里，时间越来越久。

事业所所长发现这个情况，主动对这位驾驶员说："带你的妈妈来参加事业所的新年年会吧"。他的母亲参加年会后，看见儿子和事业所的同事们亲密无间的样子，感到十分高兴。

于是，我对那位驾驶员说："未来会议任何人都可以参加，你带母亲来吧。"我觉得应该多给那位母亲创造走出家门的机会，让她看看儿子大展身手的样子，或许她会精神起来。

会议当天，那位母亲看到儿子代表事业所汇报工作，欢喜得眼泛泪光。不分国家、文化，做父母的看见孩子认真努力的样子，都会由衷地感到高兴。

看见那位母亲的泪水，参会的其他员工也流泪了，代表事业所发言的驾驶员也哭了。这不是沉重的泪水，而是心心相连的喜悦的泪水。

未来会议并不是总有那么多动人的故事，但它是宫田运输美好的地方，我为之自豪。

还有，从当众发表数字的次日起，那位驾驶员的工作态度便发生了变化。包括费用的使用方式在内，他处处自觉地审视自己的工作方式是如何与事业所的数字发生关联的。他大概在想："在下次未来会议中我想报告一个好成绩。"因此非常努力。

我希望激发同事更多这些发自内在的干劲，让每个人的努力随着数字被公布，让参会者从中获得一些启迪。

一个人只要所做的工作被别人看见，所付出的努力被别人知晓，就会士气高涨，干好接下来的工作。

"未来会议"作为一个让别人了解自己、了解工作、了解事业所的场所，发挥出了积极作用，培养了员工的主动性。

在未来会议中,对重要项目也当众决策

有一天,从关东来了一位访客。

他在其他运输公司里负责车辆调度工作。他开着自己两吨的卡车来到大阪宫田运输,说"想见见宫田社长"。

聊起来,才知道他被卡车上贴儿童彩绘的"儿童彩绘计划"所感动,说"想看看是怎样的人发起的活动"。

我们一起去了咖啡店。这位访客叫川和宏彰,在以关西人都为之咋舌的劲头滔滔不绝地讲了一个多小时后,他提出"想加入宫田运输",只是,"因为家里有情况,不能离开关东地区"。

于是,我邀请川和参加下一次的"未来会议"。"好啊,

过来吧"——其实我心里已经有了聘请他的念头。

因为，一个企业是否能持续发展，取决于其中工作的人。

一个组织，只要其中的工作人员不断成长，即使出现一些小问题，也能轻而易举地克服。

因此，必须构筑经营者信任员工，员工也信任经营者、信任企业的关系。

从这一点来看，我不会错过像川和这样一开始就信任我们的人。

当场决定成立埼玉深谷事业所

不过，要邀请川和加入公司，必须解决其工作地点的问题。

于是，我给了他留了一个作业："假如宫田运输在关东设立事业所，可以租什么样的房子、租在哪里？"

在"未来会议"当天，川和发表了他调研后选择的仓库和事业所地点，并大大方方地陈述了选择埼玉县深谷的理由：距离高速路口近，租金也可以接受，而且还有可开拓的新客户……而最令我高兴的是川和的那股子认真劲儿。

"你真的想干吗？"

"是的，绝对能干好。"

"那就干吧！"

我们没有另择日子举行高层管理会议，当着"未来会议"参会者的面，当场决定成立埼玉深谷事业所。

信赖与托付使员工的主动性迅速提高

"未来会议"有许多内外部人员参加，正因为这个原因，在会议上得到认可，对员工本人来说，"想干"的意愿便会提升。当一个人感到被全面信任的时候，确实会在随后的工作中迸发出高昂的士气。

正因为如此，我非常重视现场决策。

一谈到改进业务或提升员工积极性，人们常常提及的是"PDCA 循环""制定 KPI"等词汇。

当然，这些举措是有效果的。

可事物的本质更加简单：当员工的工作意愿与公司的前进方向一致时，其主动性、积极性就会提升，公司就能实现期待已久的业务改进。

只要有结果，人就会增添信心，逐渐成长。

在企业中多创造促使人积极主动的环境，我想，这就是经营者的职责。

以前，在物流现场作业的叉车工告诉我："每到周日傍晚我最开心。我把洗好的工作服叠整齐，一想到接下来的一周会有什么事，就感到很兴奋。"

创造能为员工带来兴奋雀跃感的工作环境，只要这么做，事业就会顺利发展。只要人干得兴致勃勃，就没有问题。这就是我的想法。

顺便说一下，在决定成立埼玉深谷事业所时，宫田运输在北关东没有一家客户，处于业务空白的状态。后来，在川和的努力下，1个月后该事业所创造了500万日元的收入，目前还在拓展更多客户。

其间，我并没有给过他具体指示。

设定目标，严格管理——似乎只要做好管理，经营者就能安心。但是，设定目标的真正目的是用工作培养人。

当员工的士气向好的方向发展时，把工作交给他们就是最好的选择。

第 三 章

03

领导者最不可缺少的品质是"爱"

彻底相信人的"心之经营"

不懂爱，就无法胜任领导职务

物流公司一天工作 24 小时，一年工作 365 天，全年无休。

譬如，在大年三十将知名餐厅的年夜饭送到百姓家里。暑假、寒假，不论任何时候，全国超市和便利店的货架上都需要摆满琳琅满目的商品，这些都依靠物流公司从不停歇的运转。

而在一线支撑整个物流网运转的，是一位位卡车驾驶员。

小时候，我很亲热地叫他们"司机大叔"，而现在，我带着敬意称他们为"驾驶员"。

和普通企业的职员相比，驾驶员的工作时间十分不规律。

有时需要一大早出发，有时则在傍晚或深夜出发。他们把装载的货物卸在目的地，再装上别的货物返回。连同在物流中心等候装卸的时间计算在内，他们出一趟车需要很长时间。

当然，他们实行轮班制，但大多数驾驶员每周要在大阪——名古屋、大阪——东京之间往返好几次。

送别时的一句"请安全回来"

对于工作辛劳的卡车驾驶员来说，发生交通事故可谓最痛苦、最难受的事。然而，遗憾的是事故率总是无法达到零。

当然，各家公司为了行车安全，都坚持采取各种举措，但是，无论怎么做，效果都十分有限。**因为，交通安全最终还是要靠手握方向盘的驾驶员保障，唯有他们保持身心从容、心态平和，才不会轻易发生事故。**

这是经营物流企业绝对无法回避的问题。

通常，驾驶员在出发前，会到公司报到及接受酒精检测，然后简单地检查一下车辆，才坐上驾驶座。

以前，在出发前的安全检查时，我总是叮嘱驾驶员："小心点，别出事故。"

但是，在"自序"中提到的事故之后，我意识到"小心点，别出事故"之类的话其实是自己回避责任、以自我为中心的一种表现。

从经营者、管理人员、现场主管的立场来看，没有比发生事故或惹上麻烦更令人棘手的问题，所以才会说"小心点""看着点""不要惹麻烦""不要出事故"之类的话。

从表面看来，这些似乎是一些鼓励的话，似乎表达着对对方提高责任感的期待。但是，在这些话的背后，其实暗藏着经营者、管理者和现场主管"别给我找麻烦""你要好好承担现场责任"之类的心理。

思考的轴心不是"企业"，而是"员工"

以驾驶员为中心考虑问题后，我发现，在出车时对他们说的话应该完全相反才对。

本来，送行这一边应该说的是"请安全回来"。

祈求驾驶员不要被卷进事故当中，相信他们不会出事故，精神抖擞地完成任务。

认识到这一点，宫田运输对驾驶员的报到和出车前的酒精检测等安全检查方式发生了变化。

"请安全回来"，在这一声问候后，新增了"平底杯活动"。

有一天，我们瞒着驾驶员，偷偷地将他们的亲人请来。请他们在我们预先买好的 300 日元一个的平底杯上写上寄语。

"爸爸，今天也要加油！"

"爸爸，要平安回家！"

"爸爸，小心驾驶，你可别死啊！"

"妈妈，谢谢你！"

"哥哥，加油！"

虽然每个寄语都很简短，却是亲人亲笔所书，字字充满了爱。这个 300 日元的平底杯是世界上独一无二的杯子。

当我们首次将杯子交到驾驶员手里的时候，给了他们一个惊喜。收到杯子的驾驶员每天带着它上班。报到后，我们给杯里斟满刚刚煮好的、热气腾腾的咖啡。

驾驶员每天握着亲人的爱上班，而我们在里头斟满热腾腾的咖啡，一边说"要安全回来啊"，一边目送他们离开。

其中，包含的唯有"一定要平安"的愿望。

"脑想"不会成为现实,"心想"才能成真

世间独一无二的平底杯,只不过是让心愿变为现实的事例之一。

只要用心为对方着想,对方一定会报以积极的回应。

比如,在公司成立 50 周年之际,我们创作了社歌,这也是一首"儿童社歌"。

我给包括驾驶员在内的员工们的孩子写了一封信:"我们想创作一首给爸爸妈妈打气的歌,你们能来帮帮忙吗?"

星期日,孩子们都来了,年纪最大的是一个高三男孩。"你居然也来了",我对他说。他说:"我和父亲两个人住。我高中三年一直在玩棒球,但爸爸每天都给我做盒饭。"

"我正想感谢他,就收到了您的来信。虽然唱歌什么的怪不好意思的,我本来不想来。但想到这么做或许能让爸爸高兴,哪怕只有一点儿也好。"听了他的话,旁边的大叔、大婶们纷纷掉下眼泪:"真是个不错的孩子。"

如今,各事业所每天 9 点正式开工前,都会播放孩子们合唱的"儿童社歌"。不仅如此，它还被录制成CD发给驾驶员，让他们在卡车里也能听到。

尽管这是一件小事，但比起在晨会上诵读理念，更能为工作人员带来内心的平和，以及"爱"的感受。

每天早上朗诵理念，定期举办学习会，单凭这些手段无法充分传达领导者的想法和愿望。

相反，不必实施复杂的举措，只要经营者、管理者和团队主管对人心怀信任，职场氛围就会悄然改变。

我把这种现象叫作"心之经营"。

请你也将关注点放在心中的愿望上，而不是脑中的想法上。

不以"性本恶论"管理员工

为了保证安全,运输业一直在从"怎么管人"的角度,不断在管理上做着各式各样的尝试。

譬如,在卡车上安装行车记录仪(用记忆卡等记录行车速度、时间、距离等信息的数据式行车记录设备)或 GPS,用以监控车辆的运行状态。

另外,大多数运输公司不仅安装记录卡车外部情况的行车记录仪,还安装了冲着驾驶室内部的摄录设备。对内摄录的行车记录仪还具备录音功能,可以记录驾驶员驾驶状况。

安装这些设备固然是为了保障安全,但另一

方面，它们也是管理驾驶员的工具。看看驾驶员是否顺道开溜去了别的地方，是否开了小差，是否有不合规定的行为，是否在驾驶中违反法规……总之，对员工充满了基于"性本恶论"的怀疑。

诚然，为了不出事故，需要一定程度的管理。但是，时刻被怀疑、被监控，对驾驶员来说绝非什么愉快的经历。

不仅运输业，任何行业的企业都一样。

可是，我还是想要相信人，相信人心的善良和美好。后面讲述的"儿童彩绘计划"也一样，为驾驶员创造一个愉快的工作环境，最终在客观上必将带来安全驾驶的结果。

不限于驾驶员，这个道理对其他员工或客户同样适用。

超脱立场，把对方当作人来真心对待。用心付出必将得到真心的回报，我坚信这一点，所以没有在车内安装监控驾驶员的行车记录仪。

对经营而言，最重要的是经营者不预先假设，不给人贴标签，忠实于自身信念和内心感受，坦诚处事。

在其他公司看来，或许会担心"宫田运输不会出问题吧？"即使出问题我也毫不在意。因为，我已经决定，不再因"管理""安全"之类的理由做违心的事。

当上社长后，我曾被经营常识和过往的行业惯例束缚。

现在，我的感受是"常识、习惯，那些东西都无所谓。"

假如脑子里的想法和内心的感受相左，我选择依照内心的愿望行事。

这才是经营者、管理者和现场主管应该做出的重要选择。

来自所长的"谢谢你还活着"

让我感到"彻底相信员工"这一思维方式开始在公司渗透的，是有一次听到一位驾驶员的描述。这位驾驶员曾在中部地区㊀，出过一场事故。

他所属的事务所所长赶到事故现场的第一句话是"谢谢你还活着"。

那位驾驶员正觉得自己对事故负有责任，情绪十分低落，同时为即将到来的呵斥而忐忑不安。

正当他心里七上八下时，却听到所长说"谢谢你还活着"。他对我说："看见所长第一个飞奔过来，我也很高兴；可是，更忘不了的是他的那

㊀ 日本中部地区是日本地域中一个大区域概念，位于日本本州岛西部，由鸟取、岛根、冈山、广岛、山口5个县组成。——译者注

句'谢谢'"。

在我看来，所长能有这样的举动，能自然而然地说出"谢谢"，是一件值得高兴的事。

此外，被所长打动的驾驶员，今后必将更加小心驾驶，不出事故。

假如所长并不在意驾驶员，为了向上级汇报，优先查问事故原因，我想事情的发展必然大相径庭。

当然，为了制定对策，防止事故再次发生，调查事故原因，明确责任，共享事故相关信息，这些措施都很重要。

但是，赶到现场的人的第一句话是"为什么会出事故"还是"谢谢你还活着"，这两者之间有着天壤之别。

初始动机和瞬间态度的差别将决定领导者是否能赢得对方的心。最终，得人心才是预防事故再发的最好办法。

领导者必须主动展现信任

说起"信任人"，我认为最关键的是经营者自身需要先对员工展现信任，尽力去信任他人。

我不知道应该怎么形容，也不知道作为经营者这么写是否妥当。但是，**与其用脑子思考，反复强调合理化管理，还不如依照自己内心的感受行事，这样可以得到更好的结果。**

大多数人有避难趋易的心理，但越是这样，越是身处困境，领导者越要身先士卒，做出榜样。

一旦领导者主动展现挑战精神，率先展示"只要去做就能做到"，做出行动，身边的人必然士气高昂。

最后，这种氛围将逐渐渗透到现场主管身上，形成整个组织的文化。**也就是说，经营者若想让某种理念或行为扎根于整个组织，就应该将它们放在心里，体现在行动上。**

诚心诚意，采取由心而发的行动，对方必将报以真心。

为什么人们会来到宫田运输

一般企业雇人用人，是为了经营。

但是，如今的我对此有截然不同的感受。我的价值观是——公司存在的目的是让人成长，增添自信，露出笑颜。

因此，我也没有按照眼前的工作要求来培养人的想法，而是创造助人成长的工作环境，如果有人感到力不从心，就彼此互相帮助。

这么做更简单。既然追求生产效率只会令工作场所变得沉闷，那么"做不到也没关系"。这个心态的根本在于"雇人不是为了经营企业"这一思想。

只要和人们有缘相遇，看到他们在这里成长，变得自信和笑逐颜开，我就感到高兴。"看到有人在努力，就想去支持；看到前辈工作的样子很帅气，就想去模仿"——如果企业能形成这种风气就好了——我一边这么想一边经营。

幸运的是，"未来会议"和后面的"儿童彩绘计划"等举措得到了报纸和电视台等大众媒体的报道，因此，尽管运输行业人手不足，我们招聘时却有近百倍的人前来应聘。

我对人事主管说"不要挑"，基本按照先来后到的顺序决定人选。

相信人的可能性，任何人都可以做出贡献

譬如，有一位两年前加入公司的员工。

他是那种不善言辞，不擅长和人打交道的人。在进入宫田运输之前，他多次参加面试，全部落选。他的母亲说："假如一直没有公司要你，咱们母子俩就一起去学习说相声吧。"

一位熟人来找我，问我能不能雇用这样的人。尽管他似乎真的不太善于和人交流，但我还是请他来公司上班。

一开始，我给他一个目标，那就是"每天都来公司上班"。

他虽认认真真地每天来公司上班，但是，仅仅"来上班"这件事就已经让他筋疲力尽了。他每天拖着疲惫不堪的身体下班回家，吃一碗清汤挂面，然后倒头就睡。

看见他这副样子，没有一个人对他有怨言。

渐渐地，他发现自己喜欢数字，比较擅长计算。现在，他正在负责财务工作，干得十分利落。

一个过去连到公司上班都感到筋疲力尽的家伙，如今却能找到自己喜爱的工作，为公司做出贡献。

企业在雇人时，通常考虑的是对方是否优秀，是否具备即时作战的能力，希望得到能为公司提升业绩做贡献的人才，但是，这只是企业的一厢情愿。

静静守候一年，让员工找到自己的特长，让他成长到能把数字递到社长跟前说"社长，这个数字是怎么回事？"的地步，而其他员工也能默默地呵护着他的成长。

没有什么比这种氛围对公司更有好处。

相信人，人就会不请自来

自从我认为"雇人不是为了经营企业"后，不少有趣的人才纷纷来到宫田运输。

前面介绍过的埼玉深谷事业所的川和就是其中之一。

也有伙伴为我担心："这么多人过来，中间会不会掺杂着一些可疑分子？"但是，我决定相信所有来到我身边的人。我欢迎所有人，即使对方看上去有点怪。我不会因为一个人的外表将他拒之门外。倾听对方诉说，了解对方的意图，构筑彼此的关系，这是一切的起点。

信任所有来到身边的人

最近,一个名叫室田一成,个性热情的男子从富山县赶来。室田先生事先跟我约好见面,特意为我赶来,可不巧我刚好有其他事,没办法按计划跟他见面。

我对他说:"对不起,我可能去不了了。"他说:"我专程从富山赶来,要不明天早上我在您公司门前等您吧。"既然他说到这个份上,我说"那我马上回来",请他等我,赶在当天晚上和他见了面。

见面后,室田先生一开口就说"我这次来押上了自己的人生。"他说,他35岁,是3个孩子的父亲,孩子们分别是6岁、4岁和2岁。他在富山县经营一家为卡车做二次改装的公司。

卡车的二次改装是指在不改变车体外形的前提下给卡车装上帘子,为载货卡车做特殊加工,给车添加公司名称和内饰等,为购入的卡车做细节部分的调整及安装。

这是室田先生的家族生意,从爷爷那一辈开始,已经传了三代,现在由他的父亲、母亲、姐姐和他共同经营。

尽管他们所有人对这份工作抱着匠人的自豪感,但事实上,他们只是卡车制造厂的承包供应商,经常被卡车厂的年轻业务员呼来喝去,交货期总是很急,付款却是账期为6个月的支票。正当他无法忍受这种业务模式的时候，知道了后文提及的"儿童彩绘计划"。他浏览了宫田运输的官网，觉得"就是它！"所以前来拜访。

而且，当他出门时，他的妻子也非常支持他，甚至说"可以搬到大阪高槻"，而那时他还没有跟我有过任何交流。

"我这次来押上了自己的人生。"

"啊？怎么回事？"

对话从这里开始，通过这场不请自来的会面，我决定和室田先生一起合作发展事业。

对卡车的热爱促使新事业诞生

在长大成人后，我心中对卡车的喜爱仍然不亚于任何人。

读小学时，京都长冈京市有一家销售卡车零配件和小玩意的店铺。

那家店铺距离我住的大阪高槻市25公里，可是，每到休息日，我就骑着脚踏车去那家店铺。

到了店里，我立刻四处转悠，开始享受属于自己的最幸福的一段时光。

店里有许多类似电影《卡车野郎》中出现的卡车改装饰品，我常常出神地望着那些饰品，为闪闪发亮的轮毂而兴奋不已，时间一眨眼就过去了。

我那时没有卡车，其实没有什么可以买的东西，那些饰品也不是一个小学生的零花钱可以买得起的。

尽管如此，在左右欣赏的过程中，我有时还是忍不住用压岁钱买一些用于装饰的小配件，把自己的脚踏车打扮得花里胡哨。为了思考设计，我还曾经跑到翻斗车经常路过的路边，花一整天时间拍摄照片。

另外，我还曾经迷恋过制作卡车模型。我的房间摆满了组装好的塑料卡车模型，贴满了收集的卡车饰品海报，简直是一间五彩斑斓的卡车主题房。

尽管有年龄差距，但我能从室田先生身上感受到同样热爱卡车的气息。

所以我决定请他把宫田运输正在使用的卡车翻新得和新车一样，和他一起发展事业。

相同的梦想带来志同道合的伙伴

宫田运输去年[①]购买了 20 多辆新卡车，每辆费用高达

[①] 此处针对书籍在日本出版的 2019 年而言，指 2018 年。——译者注

1500万日元。虽然折旧的负担很重，但卡车厂商劝我："卡车使用超过10年后，维修保养的费用会变高，不如换新的划算。"我觉得似乎有道理，于是用极便宜的价格处理掉旧车，购入了新车。

但是，仔细想想，又觉得自己好像被卡车厂洗了脑。

事实上，只要好好保养，卡车持续用上11～12年也不会有问题。

只是，对驾驶员来说，驾驶新车总是一件令人心情愉快的事。于是，我将行驶超过10年的卡车全部送到室田先生那里，请他翻修改装，让旧车变得跟新的一样。消耗型的零件和配件不用说，内饰外观也全部翻新，并结合驾驶员的喜好进行改装或涂装。

一辆卡车的翻新费用为300万日元，翻新后卡车还能再跑10年。我们不是让驾驶员忍受旧车，而是请人按照他们的个人喜好翻新车辆，让他们驾驶得更快乐。假如采用同样的方法，一辆新车用上20年只需要花1500万＋300万日元。当然还会有别的费用，但是，采取这个办法，不但能获得出色的性价比,还能让"惜物"的文化在企业生根。

现在,我们正打算在大阪建造从事改装和涂装的车辆修理厂。

在前些天的会议中,室田先生的父亲也来了。他说:"儿子把事情都告诉我了。儿子想做的事,我会全力支持"。他告诉我决定到大阪办厂。

假如这个模式能在宫田运输顺利推行,也可以试着推广到其他运输公司。我希望"用好旧车"的理念不断得到普及,因此制订了这个事业计划。

我想,室田先生之所以来找我,也是因为他感受到了我对卡车的热爱。

对于大多数运输公司来说,卡车不过是运货赚钱的工具。经营者考虑的是如何以尽可能低的成本购入卡车。

在富山,室田先生他们被夹在这样的运输公司、汽车制造厂和经销商之间,无法发挥匠人对制造的执着和对卡车的爱。

这时,他知道了"儿童彩绘计划",知道有一位古怪的社长从不掩饰自己对卡车的热爱。他期望在那位社长那里能实现自己的梦想,展现自己的技术。

或许在那里,有人愿意充分发挥卡车的价值。

事业诞生于愿望。我认为，更多事业可以以这样的方式诞生。

当然，我们会继续发展当下的事业，让它不断发展壮大。同时，我们也会让来到身边的人尽情发挥，开拓出新的业务。

不是从战略层面去思考如何发展新事业，也不是因为有钱赚所以雇人，而是以"期盼干某事"的伙伴为核心发展事业。只要这么想，任何人都有无限潜能，任何企业都有无限可能性。

对待那些不请自来的有趣人才也一样。如果只是按照现有事业的视角去评判，很容易得出"那家伙不行"的结论，自己关上大门。

然而，见见他们，和他们谈谈，感受他们身上闪光的地方，让他们变成自己的伙伴。在这个基础上寻找拓展新业务的线索。

我的这个想法，一年比一年变得更加强烈。

有梦想的人的工作方式与众不同

现在，在我们公司有一位负责"儿童彩绘计划"业务推广工作的员工，他快50岁了，名叫谷知雅文。

他是3个孩子的父亲,之前在大型饮料厂担任企划工作,负责与宫田运输对接"儿童彩绘计划"的品牌合作。

然而,有一天我们在未来会议上碰面,他笑着告诉我:"我利用提前离职制度辞职了。"我问:"您辞职以后打算做什么?"他说:"嗯,我想做儿童彩绘计划的业务推广工作。"

我之前并没有承诺聘请他,他却主动辞去大企业的稳定工作,来到我们身边。

他还说:"我已经做好心理准备,如果儿童彩绘计划不需要人,我就在宫田运输开卡车。为了这个我还专门去参加了学习班,拿到了大型卡车驾照。"

谷知、埼玉事业所的川和,还有发起改装事业的室田先生都是这样,这些自主决策、主动来到宫田运输的人都很强。**因为,在这些不请自来的员工心中,有着"真正想干一辈子"的愿望。**

因为有干劲,他们的工作方式与众不同。

如今,在任何行业的招聘现场都能听到"人手不足""没有优秀人才"的感叹。但是,如果雇用方志向低下,即使社会上人才再多,也不会主动聚拢过来。

我和专务福田经常一起开着小巴,奔赴福岛灾区从事支援活动。

我们在大阪、京都招募志愿参加活动的学生，晚上 10 时集合，前往福岛。我们通宵轮流驾驶，一大早抵达福岛，立刻开始活动。接着在当地住一晚，次日晚上再轮流驾驶小巴，回到大阪。

社长和专务连续两天一晚不在公司，而是开着小巴，载着学生外出。

从经营风险上考虑，这是很危险的事。在如今这个时代，企业中处处讲究上传下达，管事理人，可我们的做法貌似与之背道而驰。

但是，听了学生们的讲话，我发现他们志向高远，怀有为社会做贡献的强烈愿望。他们从志愿活动中获得了超脱自身利害得失的喜悦。

当这些年轻人进入社会时，他们追求的是什么？

他们一定不愿在只顾追求本企业利益的经营者麾下工作，也一定无法在那样的企业文化下保持自身的主动性。

我们能在多大程度上和这样的年轻人一起思考，共同寻找答案？

信任员工
用爱经营，构筑信赖的伙伴关系

一个领导者的思想行为，决定着该企业的价值和社会评价的变化，还决定着在企业中工作的人员对幸福的感受。

此外，如果领导者坚持用"珍惜一切"的姿态经营，人们就会认为"那家企业很爱惜人"，人才自然纷纷聚拢过来。

公司创始人宫田官太郎留下"赚了钱大家分""重视人，爱惜人"的格言，如今我终于领悟了其中的含义。

至少，经营思维方式的改变令我获益良多。

领导者也要有学习的场所，在盛和塾中的变化

2007年，我当上专务后，在客户的推荐下开始在盛和塾学习。

盛和塾是一群京都的年轻经营者为了"学习京瓷创始人稻盛和夫先生的经营哲学"，于1983年自行发起的学习型组织，最初叫"盛友塾"，是一个面向经营者的"学校"。

1989年，盛友塾正式更名为"盛和塾"，活动遍及日本各地，在日本有56个分塾，国外有44个分塾，塾生超过14 000人。

盛和塾是学习京瓷经营哲学核心内容的地方。在这里，经营者学习京瓷公司通过划小单位来实现分部门核算管理的"阿米巴经营"，并基于稻盛塾长的实践经营体验和原理原则、追求人格和为社会贡献的而独创的"京瓷哲学"。

盛和塾的主要活动是在关西、关东一年举办5次例会及其他学习会，举办塾生经营体验发表、塾长讲话、经营问答及恳亲会等活动。此外还每年举办一次全国塾生汇聚一堂的世界大会。

但是，在我而言，说老实话，一开始是因为没办法拒绝客户的邀请才加入盛和塾的。那时，我对稻盛塾长的了解仅限于知道他是京瓷公司创始人及一位优秀企业家。

大阪塾约有1000名塾生。学习会以"经营委员会"为单位开展，从18时开始到23时结束。尽管我试着去参加，但对学习内容不甚了解，在被问及意见或感想时，也常常答不上来。所以，每次提问时我都尽可能把头埋在胸前，希望不被点到名。大概每三次活动我才因为不好意思而去露一回脸。

记得有一次被问道："你加入盛和塾后觉得最好的是什么？"我回答："买了电子词典。"全场哄堂大笑。

我因为热爱卡车，从基层起步，当上了所长，然后是专务，一直认为"经营等于创收"，因此，对在盛和塾听到的塾长讲话中的"企业的存在目的""经营者应有的思维方式"之类的经营哲学，起初并没有什么感觉。

在这种懵懵懂懂的状态下学习了半年后，我在40多位塾生面前发表了自己的经营体验。

前一天晚上，我紧张得睡不着觉，干脆把心一横，决定毫不隐瞒地讲述自己的经验，后来总算平安过了关。

打那以后，我认识了许多人，去盛和塾学习也逐渐不再成为负担。

在老老实实参加学习及与众多资深塾生企业家交流的过程中，我接受了"经营者的学习和成长能给员工带来幸福"的观点。

比如，稻盛塾长一直说："**经营者要追求全体员工物心双方面的幸福。**"

本来，企业有别于家庭，经营者对企业的责任是有限的，而非无限的，但是对家庭的责任近乎无限。

然而，京瓷却实行"大家族主义"，重视同甘共苦，构建家人般的信赖关系。为了避免像大家族一样陷入溺爱，又提出了实力主义。

社长运营组织，最重要的是让真正有实力的人担任组织的领导。

企业必须创建这样的组织文化：给有实力的人担任组织领导者的机会，让他充分发挥力量。

只有基于实力主义运营，组织才会得到强化，进而为全体成员服务。也就是"追求全体员工物心双方面的幸福"。

当然，宫田运输无法与京瓷相提并论，但在"大家族主义"这个关键词上，我认为两家企业有异曲同工之处。还有，"家人般的信赖关系固然重要，但不能陷入溺爱"，塾长指出的这一点，可以说一针见血地直指当年困扰着宫田运输的问题的本质。

尽管认识到经营者具有这种格局的重要性，但当时的我尚不懂得关注人心，只关心如何改变组织体制。

我认为，只要更有效率地经营，消除家族主义带来的"溺爱"，就能取得更好的业绩。

在担任专务时，我一直抱着这个想法，当上社长后也一样，直至那起事故发生。

但是，在我为卡车带来的惨剧万般苦恼的时候，涌上心头的是想要"相信人心、相信员工"，想要"以心为本经营"

的愿望。

毫无疑问，我会这么想的原因之一，是因为遇见了盛和塾。

社长深化学习是为了员工幸福

为什么社长必须带头学习，提升自我？

是为了员工的幸福。

领导者的心变了，他的工作方式、企业氛围都会发生变化，这直接关系到员工的幸福。如果不是因为在盛和塾学习，而是顺水推舟地接任第四任社长，在经营中一味追求管理和效能，那么，或许我会变成那种业绩稍有起色就开着高档车到处游逛，每晚四处喝酒的社长。

一想到自己可能变成那副样子，想到宫田运输或许不是现在的模样，而变成完全不同的企业，我就寒毛直竖，脊背发凉。

虽然，我仍然会执着于做好眼前的一件件工作，但毫无疑问的是肯定不会有"儿童彩绘计划"的构想，更不会有为社会做贡献的广阔视野。

如今，我更加深刻地理解祖父以前经常挂在

嘴边的话:"赚了钱大家分""重视人,珍惜人"。

重新看到宫田运输的原点——家族主义的长处。我开始为员工的幸福思考,并意识到社会的存在。

是否对他人有帮助,并对此有真实的感受?

我希望企业基业长青,为此,必须思考如何创造可持续型的社会。"以心为本的经营",指的就是这么回事。

稻盛塾长的"追求全体员工物心两方面的幸福"击中了我的内心,同时也让我的心逐渐轻松起来。

我会努力向员工表达自己的愿望,也会不断向社会传递信息,让更多的人听到我的愿望。

曾经因为怕被点名而把头埋到胸前的我,也得到了在稻盛塾长面前发表经营体验的机会。

让"心之经营"成为全球标准

2018年,我在中国盛和塾长沙大会上,当着3200位企业家的面,讲述了宫田运输的"儿童彩绘计划"及"心之经营"模式,获得了巨大的反响。

一直以来,大部分企业家经商的视角是"将生产效能提升到极致,尽可能减少成本,多赚钱"。众所周知,这是当下许多地方经济发展的动力。从这个角度来说,与当今强调提升生产率的日本或许也没有什么不同。

然而，当我在众多中国企业家面前讲话时，发现他们的思维方式发生了巨大的变化。

因为，我的讲话在他们当中得到了共鸣。

中国有许多企业家年纪很轻，但大多数人已经感到追求效率及降低成本的经营方式的局限性。

做生意不过一个"人"字。

虽然 AI 和机器人的应用越来越流行，但是工作真正关键的部分必须由人来完成。

极度追求效率，用生产率至上主义经营企业，就会把员工当作"成本"，换句话形容，就是在怀疑的基础上经营企业。

不管员工，他们就会偷懒，或引起不必要的麻烦，所以需要彻底管理，将问题消灭在萌芽状态；用尽可能少的人创造业绩，哪怕少一个人也好。

这么一来，员工就像机器人一样，只需按照吩咐完成任务。他们不会互相帮助，也不会主动为他人服务。

如此想来，在企业经营中以人为中心思考事

情，从某种意义来说不是理所应当的吗？而要想以人为中心思考，对他人的彻底信任就必不可少。

我如今一年去中国好几次，和中国的经营者共同学习"心之经营"。同时，也有许多中国经营者来宫田运输参观。

前些日子，我还去拜访了一个在中国拥有300多家门店的服装企业，我们就"心之经营"做了深入的探讨。

访问的最后一天，我亲眼见到那家公司的经营者和员工互相拥抱，流下眼泪。

对于企业而言，提高生产率固然重要，但是企图把员工当作成本，以"性本恶论"管理员工，用这些手段提升数字，结果必不理想。

因为，企业要想发展，最关键的是员工的"主动性"。

为了激发人的主动性，领导者必须由衷地信任员工，仅此而已。

彻底相信人，相信员工，相信客户。"心之经营"的思维方式，或许是对当下社会或全世界领导者提出的要求。

第 四 章

04

绝不追逐眼前的数字

只要持续帮助身边有困难的人,
　企业和员工都会得到成长

父亲的教导背后隐含着"有难必帮"的精神

托大家的福，宫田运输保持着良好的发展势头。

在这个经济形势严峻的时代，我们仍然在茁壮成长，这全归功于每日互帮互助、持续成长的员工，还有信任我们的客户。

赢得客户的信任，对任何企业和工作人员来说都是不可或缺的。

其实，我们这家中坚物流企业之所以能够赢得客户的信任，"互帮互助"的精神起了巨大的作用。

刚进公司后的经营危机

在我初进宫田运输时，公司 90% 以上的业务是承担一家玻璃瓶制造厂的物流工作，主要运输目的地是酿酒厂。

每当去北陆地方①的酿酒厂交货时，对方总是说："这么年轻就来送货啊"。他们很照顾我，有时还问我"吃过早饭了吗"，招呼我在他们的酒窖里吃早餐。

将物品安全、及时地送到等候者的手中，得到别人的感谢——我感到驾驶员的工作有着巨大的价值和意义。

然而，在我进公司后不久，宫田运输就遇到了危机。

占公司九成销售额的玻璃瓶制造厂因为经营不善，被另一家大企业并购了。

那家大企业旗下有自己的物流公司，于是宫田运输几乎失去了所有的承包业务，陷入了困境。

营收过于依赖单一客户的大额交易，这是我们经营上的问题，但知道的时候为时已晚。公司失去了巨大的业务支柱，陷入了生死存亡的危机。

当时已近岁末，公司内一片愁云惨雾。大伙儿都不知道公司是否还能撑到新年正月。

但是，这个世界真的很奇妙。正当这个节骨眼儿，就像

---
① 北陆地方指日本中部地方北部的日本海沿岸地区。——译者注

填补空缺似的,一家大型食品厂发来一个业务邀请:"是否能派一辆卡车前来支援?"

当时是火锅旺季,正是橘醋运输繁忙的时候。宫田运输以前曾经去那家厂送过装橘醋的瓶子,所以被邀请过去帮忙。

当时担任社长的叔叔似乎抓住了一根救命稻草,"绝对不能放过这个机会",立刻满口应承。刚进公司不到一年的我,被派去该食品厂的物流中心担任支援骨干。

艰苦工作的前方是机会

老实说,我当时有些疑惑:"我资历最浅,而且刚拿到驾照,为什么派我来负责这个赌上全公司命运的重要工作?"到了工作现场,我才发现,原来这份工作非常辛苦。

在很长一段时间之后,我才从别人口中得知,老驾驶员一听所服务企业的名字,就能想象出运输的是什么,所以纷纷说"饶了我吧",避之唯恐不及,所以这份工作才会轮到最年轻、看似最孔武有力的我身上。

之前我们给酒厂运送玻璃瓶，由于运的是空瓶，所以大部分装卸作业都靠托架、叉车之类的机械化手段完成。

可橘醋不一样。橘醋需要以满瓶装的状态交到批发商手里，加上货物批次多而且数量零散，基本依靠人工装卸，而且货物特别沉，一木箱8瓶，靠人工搬运。运一车橘醋的话，需要将300~400箱货物从载货卡车上搬上搬下。

搬进搬出，手掌和手腕常被木箱上的木刺弄得到处是伤，加上送货地点分散，所以很耗时间。因为这个，我每天工作时间很长，体力消耗也相当严重。

还有，当时在那里工作的人都脚踩竹皮屐，头上扎着拧成麻花状的布手巾，身穿牛仔裤或运动服，根本不穿工作服。有的驾驶员还经常把车辆调度员逼到墙边，将派车单扔过去大吼："这种活怎么干！"现场一片杀伐之气。

我一面感慨"同样是干运输，但这里和玻璃瓶厂真的很不一样"，一面觉得这是个好机会。

之所以这么说，是因为以前玻璃瓶厂的作业标准十分严格，驾驶员进出物流中心，必须身着工作服，足蹬黑色安全靴，头戴安全帽。我不太了解其他作业场所，以为这样打扮是理所当然的，所以在食品厂物流中心工作时，也继续保持这样的装扮。

结果，我显得鹤立鸡群，宫田运输也给客户留下了"做事一丝不苟"的第一印象。

那时，父亲教过我对待工作的心态，虽然只有一句话，却至今一直留在我的心里。

"对业务绝对不能拒绝两次"，父亲告诉我，"一旦拒绝两次，别人就不会再找你了，你只要记住这一点。"

接下其他公司拒绝的订单

正是这个缘故，我在该物流中心积极接受那些被其他运输公司拒绝的业务。我还将地上的其他公司的派车单拾起来，主动对食品厂的车辆调度员说："要不我去吧？"

于是，交给我的业务一点一点地多起来。

起初，宫田运输只派出一辆卡车，负责人也只有我一个人。后来人手不够了，可老驾驶员们还是对这个业务敬而远之。于是我邀请与我交好的朋友福田真（现任专务）加入。

福田和我一样喜欢卡车。高中毕业后，他在大饮料公司就业，当了一名给自动贩卖机补充饮料的司机。然而，因为是大企业，他进公司半年还在实习期，只能充当助手的角色。他每天坐在前辈驾驶员的助手席上，回收空罐子，给自动贩卖机补充饮料，这就是他的主要工作。

我觉得他或许会对这份工作感兴趣，于是招呼他："来我们公司干，立刻就能开上卡车。"

他一听大喜："真的吗？"二话不说辞掉了那家大企业的工作，跳槽过来，成为宫田运输进入那家食品厂物流中心的第二辆卡车的驾驶员。

我和福田两人搭档，不断推进业务。宫田运输给食品厂物流中心派出的卡车数量逐渐增多。

第三辆卡车的驾驶员是小我两岁的弟弟。当时的宫田运输只有20名员工，公司逐渐形成了一个年轻的团队，第4辆、第5辆、第6辆，就这样，20出头的驾驶员越来越多。

我心中满是希望。当人心无杂念、埋头苦干时，就能得到更多工作机会。每当更多宫田运输的卡车进入客户的物流中心时，我就有一种为大家做了贡献的真实感。

基本日程是一天跑两个来回。我们清晨从配送中心出发，给各个批发商或零售店送货，傍晚回来，然后装载第二天要送的货物。

一天工作结束的时间大约是23时。第二天早晨的出发时间视送货地点多少而定，一般4～5时发车。

我很理解老驾驶员们不愿做这份工作的心情。事实上，当时我们每天的睡眠时间只有3～4个小时。

尽管工作辛苦，或许因为年轻，或许因为刚当上驾驶员的高兴劲儿，又或许因为家族生意的危机，我对辛苦毫不介意，只顾埋头干活。

我清楚地记得，每当晚上我们长时间劳作，装载次日要送的货物时，有人拖着流动拉面摊来到配送中心停车场。觉得那时的拉面格外美味，我三口并作两口将面扒拉进嘴里，接着重新提起精神，完成剩下的工作——这一场景深深地刻在了我的记忆里。

就这样过了一段时间，我被调度员指名的次数越来越多。本来我们公司只是来临时帮忙的，后来客户问我们是不是有意签订固定合同。

签了固定合同后不久，对方又问："能不能再加一辆卡车？"于是我邀请了同班同学福田加入……后面的发展前面已经介绍过了。

年少时的勤奋为我后来的人生和事业打下了关键的信任基础。对我来说,在食品厂奋斗的这一年,为我们和客户构筑长达30年的合作关系埋下了基石。

不拒绝业务很重要,从事可持续型的业务也很重要

在食品厂工作的经历真的让我学到了很多。

其中,印象最深刻的是,企业为了发展,必须从事可持续型的业务。

教会我这一点的,是我担任所长时那家大食品厂物流中心的负责人吉村先生。

如前面所述,由于前任所长突然辞职,我当上了该物流中心的干事企业㊀所长。在父亲任命我为所长这件事上,力挺我的正是吉村先生。他说:"我会教他的,让他干吧。"

在我们眼中,他是客户。但是,这位客户像在给年轻所长做在职培训一样,严格要求我,指导我。

我是既学东西又拿钱。

举个例子,宫田运输增加进入该物流中心的卡车时,他曾把我提交的报价退回来:"太便宜了!"

对我而言,我希望通过降低费用多加几辆卡车,让自己

㊀ 承担统筹出入该物流中心的7家运输公司工作的企业。

的同伴有更多施展空间。我希望提高宫田运输在物流中心的存在感，希望被父亲他们认可，这个动机显而易见。

可是，吉村先生看了我的报价后，对我说："**不行，这可是你们的业务报价。你必须考虑业务的可持续性，这个价格太低了，这样是持续不下去的。**"

接着，在盖下确认章前，他还指点我"这里有多少成本""这里应该是多少金额"，手把手地和我一起制作报价。

我们之间真的已经超越了客户与物流公司的甲乙方关系，至今我心中对他仍是满满的感谢。

用爱经营，构筑信赖的伙伴关系

为了构筑信任，先运了、帮了再说

"对业务绝对不能拒绝两次"，父亲的这个教导在二三十岁的我的心中逐渐发展成为"有难必帮""不拒绝业务"的信念。

这种姿态对于作为中坚物流企业的宫田运输来说，在获取客户信任、实现公司发展层面起到了莫大的帮助。

事实上，除了食品厂物流中心外，宫田运输的事业是靠承接大物流公司拒绝的业务发展起来的。

比如，有时客户会在傍晚打电话来："有一批货物必须明天早上送到东京，宫田运输能帮忙想想办法吗？"

这时我会不假思索地回答："好的。"

当时我还是营业部长,各事业所的调度员常跟我抱怨:"部长,你不考虑一下后果就接了?"

不过,我们的管理人员全部有驾驶卡车的经验,因此他们抱着这么一个念头:"再不济自己去送货,总是有办法的"。

所以,我总是硬生生地将涌到嘴边的"现在就要吗"咽回肚子里,回答对方"可以送"。

这时候本来应该和客户谈一谈价格的,我也没有那么做。从二三十岁开始,我就以"有难必帮""绝不拒绝业务"的态度一路走来。

我认为,哪怕一开始会亏损,但从长远计,接下订单,不断积累信誉才是正确之举,不必纠结于眼前的得失。

诚然,做企业并不是做慈善,不能白干。然而,我们绝不会破坏"有难必帮""不拒绝业务"的作风。结果,一开始亏损的业务也渐渐开始盈利。

眼睛绝不盯着客户的脚后跟

近些年,大物流公司的运输价格上涨,而且,因为人手不足,与之前相比,运输行业逐渐呈现出卖方市场的态势。

当客户有加急运单时，运输公司在一句"真的抱歉"之后要求加钱的现象也越来越多。

但是，我们在心里做了决定："做生意绝对不盯着客户的脚后跟。"

不以人手不足、车辆不够等理由随意涨价，不只看眼前的销售额，而是在客户来电表示有困难时，想方设法帮忙解决问题。

要想构筑信任，就要先干起来、运起来，而不是追求眼前的数字。

如此一来，构筑的信任将会给我们带来下一个业务机会。

"有难必帮"是我们始终如一的商业基本思想。

有了喜悦就有利润

坚持"有难必帮"这一基本思想,给我们带来了更大的商机。最具代表性的例子就是枚方大米共配事业所提供的大米联合配送服务。

这项业务刚开始时利润几乎为零,亏损的部分一直靠公司内部消化,业务才得以持续。可如今,它已经成为每月为公司带来 1000 万日元利润的重要业务之一。

那一年的 12 月,一个 20 家大米批发商共同使用的联合配送中心来找我商议,说负责送货的运输企业撤出,问我们是否愿意接手这项业务。

我回复"新年开春后可以承接。"然而,其间情况临时有变,对方满脸为难地问:"能不能请你们从年末开始接手?"我答应了。

就这样,在年末 12 月 25 日这个眼看着就要过年的节骨眼儿,我们紧急承接了联合配送大米的业务,结果出现了远远超乎想象的大混乱。

在年尾,大米是超市、盒饭店、咖喱店、拉面店等餐饮业商家的生命线,我们却不能按时送到,包括大阪京都在内的二府四县⊖地区均出现了同样的麻烦。

深夜的联合配送中心宛如修罗场。还未收到大米的零售店的负责人大声怒吼:"给我玩命干!"我们活到这把年纪,好像还没被人这样吼过。

当时,我们不分昼夜,更别提过什么大年夜,员工们全体出动送货,结果还是一片混乱。尽管我们全体出动,不眠不休,干了几乎三天三夜,但最终还是用了整整一个月才将局势完全稳定下来。这个事件在公司内部被称为"米骚动"⊜,

---

⊖ 二府指京都府、大阪府,四县指奈良县、兵库县、滋贺县、和歌山县。——译者注

⊜ 米骚动是 1918 年日本爆发的第一次全国性大暴动,这次暴动以抢米的形式爆发。——译者注

并一直口口相传。

然而，将配送业务交给宫田运输的批发商的专务始终支持我们。

"我不会因为这些问题就抛弃宫田运输的。"

"如果不是你们接手，情况肯定更糟糕。"

"所以，好好加油！"

他一边这么说，一边帮我们与步步紧逼的零售店斡旋。

从"米骚动"中学到的经验教训

"米骚动"事件最终发挥了积极的作用。虽然这件事给公司造成了巨大的经济损失，令人心有余悸，谁也不愿再经历第二次，但也让我们长了不少经验教训。为了不再发生类似的问题，我们重新检视了联合配送中心的流程机制，使运营变得更加稳当。

另外，因为共同经历了这场严重的混乱，现场人员团结一心，开年之后运转情况变得稳定起来。还有，客户目睹了我们尽全力解决问题的姿态，开始和我们缔结深厚的信任关系。

不过，由于近年巨大的台风和刷新纪录的暴雨，在那之后，意想不到的麻烦依旧连续发生。尽管如此，物流仍然在持续运转。

由于现场道路管制等原因，收支失衡的情况也越来越多。但是，我们仍然竭尽全力将大米送到束手无策的客户手中。我们的坚持赢得了客户的认可，我们提供的服务价值超越了"放心安全""稳定供给"的水平，赢得了客户的赞赏。

这项业务的盈利点出现在客户数量增加，以及我们的涨价要求得到客户认可的时候。

不过，走到这一步我们用了整整三年。在此期间，我们踏踏实实地扎根一线，锤炼服务，获得了客户"唯有宫田运输不作他想"的好评，才取得了现在的成果。

其实，"专门为大米提供联合配送服务"的企业，在全日本只有宫田运输一家。因为，在运输业看来，这项工作既辛苦又麻烦，还利润微薄。

一般销售大米的是批发商或代理商，我们和近畿地区的22家大米批发商签订了合同。

每家批发商都有自己的物流仓库或大米配送中心，宫田运输的驾驶员每天去A、B、C、D公司跑一圈，收取第二天要送的大米。

然后，这些大米在我们的仓库按照配送地点被整理成"E超市多少袋""F店铺多少袋"，然后逐家配送上门。在这个送货机制建立之前，各批发商、代理商都是依靠本企业或合作运输公司的卡车送到各家店铺里。

如今，我们将这项工作包揽了下来，提供一站式配送服务。各批发商在大米销售上是竞争对手，在运输上却可以是"合作对象"——我们利用这个口号，创造出联合配送机制，为各家批发商、代理商节约了成本和资源。

我们的送货地点不仅有零售店，还包括连锁回转寿司店等小食店或餐厅等，覆盖一切需要大米的买卖场所。而且，在超市、量贩式商店，我们的驾驶员会将大米直接搬到卖场的陈列架旁，甚至码到货架上。

没有一家物流公司肯承接这样送货量少而且批次零散的店面配送，更别说帮客户陈列货物。而且，一天给数十个地点送货，需要耗费的精力也不小，这就是同行企业不愿意涉足大米联合配送业务的原因。

因为坚持才有主干业务的形成

在这种情形下，我们却坚持从事大米联合配送三年，运输量逐渐达到了一定规模。

后来，即使超市等商家提出"一般我们从A、B、C三家公司采购大米，这个月我们不想从C公司进货，想试一试和愿意给我们优惠的D公司交易"之类的特殊需求，我们也能灵活响应。

我们之所以能这样做，是因为A、B、C、D公司都是我们的合作伙伴，而运送的大米总量本身不变。我们持续响应更精细化的客户需求，因此物流业务十分稳定。我们并非事先知道会有这样的结果才这么吃苦耐劳，但在客观上保证了服务质量，取得了绝对优势，因此谈判能力也得以提高。

譬如，在运输价格上，以前仅有A公司一个客户时，我们只能和对方商量："汽油也涨价了，能不能给我们稍微涨点价？"但合作伙伴增多后，我们就能说："每公里价格需要从10日元改为12日元，各家公司都一样。"

运费不再由货主，而是由身为物流公司的我们决定，因此利润有了很大提升。

当然，这是我们在现场吃苦耐劳，和客户建立了信赖关系的缘故。

掌管大米联合配送业务的是一位女所长。她好几次哭着对我说："既出不了成绩，又经常被客户骂，现场人员也累得半死，我不干了。"

这时，我告诉她**"有人因为我们的工作而喜悦""只要坚持下去，这种喜悦就会像涟漪一般扩大""只要喜悦的涟漪扩大，自然会有利润"**。

"坚持下去，直到能够自主定价。"

由于领导者不断描绘前景，她逐渐相信希望就在前方，现场的工作人员也开始为改善状况尽自己的一份力。

最近，一些中国企业家和公司高层来大米联合配送中心参观，希望学习这种聚焦于某类特定产品、极度细分市场的小批量配送机制。

当我看到迎客的所长和员工们的笑脸时，深深地感到做出成果对他们的自信心所带来的巨大影响。

现在，大米联合配送事业成了宫田运输的主干业务之一。

每当出现问题或麻烦时，客户一直在观察我们，看我们如何应对。

我们不是大型企业，正因为如此，需要时刻保持"有难必帮"的精神，不讲任何小道理，哪怕累得站都站不稳，也要上下一心，共同解决问题。

展现这种姿态，在出现麻烦时认真对待，客户的心才会被打动，危机才会变为加深信赖的良机。

第 五 章

05

"管理"不会让人成长，但"幸福"可以

让员工和社会幸福的项目

"儿童彩绘计划"的缘起

前文提到过好几次"儿童彩绘计划",这个活动的起源也和那起事故有密切的关系。

2013年8月30日,宫田运输的驾驶员驾驶的卡车与一辆踏板摩托车发生了碰撞事故,骑摩托车的男子被紧急送往医院。

当我赶到医院时,没被领进病房,而被领进了太平间。在那里,死者的父亲对我说:"**就在刚才,我的儿子失去了性命。我不知道谁对谁错,只希望你知道,我儿子还有一个读小学四年级的女儿。**"

在这种情形下,那位父亲如果咒骂怒吼也很正常,但是,他的语气十分和缓。我能做的只有低声道歉:"我明白了,我一定会尽我的诚意。"然后离开了那里。

去世的男子 43 岁,碰巧,引发事故的员工和他同龄。

那位员工之前是一名驾驶员,后来被调去负责车辆调度工作。发生事故那次碰巧人手不够,他为了完成突如其来的订单,握上了方向盘。在他亲自下一线的行为背后,除了他本身有一颗为客户着想的心,还有来自我的"提升业绩、完成数字目标"的压力。

因为要接受警察聆讯,他被拘留 48 小时。在他家里,还有靠他抚养的两个在读小学的女儿,正眼巴巴地等他回家。

他的女儿们大概正因为爸爸的迟迟不归而担忧吧——走出医院,我这么想,于是和福田等人直接驱车驶向他家。

在他家里,他的母亲、姐姐和两个女儿正在等他回家。我想,必须先安抚她们,于是告诉她们:"你们完全不需要担心。一切事故责任由我和公司承担。我们会处理好这件事的,等您儿子回家了,还照常来公司上班。"

我们离开他家时的画面,至今仍深深地刻在我的脑海里。

他的母亲和姐姐一直深深地鞠躬,直到我们的车子消失在视线里。看见她们的模样，我强烈地感到，在认真对待死者亲属的同时，绝不能孤立肇事员工和他的家属。

用好卡车让生命绽放

事故发生后，我日日沉浸在烦恼中。

心爱的卡车变成了夺走他人性命的凶器，给周围的人带来悲伤。

平时，我常常对员工讲"为世人竭尽全力工作"，却连人的生命都保护不了。

我当上社长之后，业绩比父亲那一辈提高了，公司也得到了发展。但是，我根本不知道到底为什么而经营。

死者家属想必痛苦无比，却并没有用激烈的言语指责我。今后我们用什么来回报这些善良得难以想象的人？我们可以做些什么？

在工作中，这些想法一直在我的脑海中浮浮沉沉，我意志消沉，反复自问自答。

大约过了一年时间，我心中萌生出两个想法。

"人死不能复生，既然如此，何不让还活着的

信任员工
用爱经营，构筑信赖的伙伴关系

我、员工，还有身边的人尽情绽放自己的生命。让每个人的生命闪闪发光，这难道不是我这个经营者至少能做到的吗？"

"既然我真心热爱卡车，何不利用它绽放人的生命？这不是我能为那位死者和他的家属做的吗？"

身为物流公司的经营者，我应该为员工、为客户、为社会做些什么？我似乎隐隐约约看到了一幅画面。

具体应该怎么做呢？正当我思索这个问题时，有两件事给了我启发。于是我开始推行"儿童彩绘计划"，在卡车尾部贴上驾驶员的孩子画的画。

第一个启发来自一段我与友人的对话。

"宫田先生，大阪豫洲短板产业公司的厂区里有安全标语。"

"工厂嘛，肯定有安全标语。"

"那不是普通的标语。是工厂员工的孩子们手写的标语，比如'戴好安全帽''暂停一下'之类的。据说，贴了那些标语后，事故减少了。"

同样的标语，只要出自孩子们的手，员工们就会看进心里。

第二个启发是公司驾驶员给我看贴在卡车仪表板上的女儿的画。画着一辆卡车，上面还写着：

"爸爸，谢谢你。"

"安全驾驶,加油!"

驾驶员笑着说:"再累再着急,只要看见这幅画,心就会安静下来,自然就注意驾驶安全了。"

在卡车上贴孩子们的画

这幅画和那家工厂的安全标语重合在一起,我顿时有一个直觉:"就是它!"

回想起来,我从 18 岁起驾驶卡车,也看到过共事的驾驶员将自己亲人或恋人的照片放在驾驶室里,或者将孩子写的话贴在仪表板上。

起初,我想征得最先向我展示女儿画作的那位驾驶员同意,将他女儿的画制作成海报,在公司内展示。**但是,单单改善自家公司的内部环境不足以消灭交通事故,还需要对整个社会产生影响才行。**

"既然这样,何不把孩子们的画贴在卡车上,让全社会露出笑容。"于是,我们开始推行"儿童彩绘计划"。

"儿童彩绘计划"让人们对卡车的印象从"可怕"变为"为社会带来笑容"。

现在在日本，大约有150万辆卡车在路上行驶。如果全部贴上孩子们的画，必将给整个社会带来平和，减少交通事故自不必说，各种纷争都将消失。

最近，"挑衅驾驶"成为一个问题，可我相信，只要这个活动得到普及，就一定能够消灭这类问题。

这是我内心真实的想法。带着这个想法，我正在推广这个项目。

载着孩子的画，驾驶方式也变得友善了

"儿童彩绘计划"是一个为了消灭悲惨交通事故的活动，但事实上，伴随着这个项目的开展，宫田运输的驾驶员们变得更加主动积极了。

他们安全驾驶的意识提高了，同事之间也更愿意互帮互助，这是他们受到了更多关注的缘故。

驾驶着贴有儿童彩绘的卡车的驾驶员说，自己的意识改变了。

"过去我的驾驶方式虽然不是很粗野，但是，从载着孩子的画起，我更加小心了，驾驶风格也变得友善起来。有时，后头车里的人注意到车上的

画,露出笑容。我从后视镜看到后,也高兴起来。"

另外,在服务区休息时,有时路过的人主动提出"可以照一张相吗?"

果然,孩子们用心画的画能直抵人们的内心深处,唤醒人心中的爱与善良。

交通事故往往源于人心情的细微变化。驾驶员心情稍一烦躁,驾驶就会变得鲁莽起来。时间一紧,人一着急,开车的速度就会比平时快;因为工作感到疲累了,人的判断力就会变得迟钝;为了炫耀所谓的"技术",人就会铤而走险。当驾驶员的内心缺乏淡定从容时,就可能招致无法挽回的后果。

可一旦坐上"儿童彩绘卡车",驾驶员自身就有了"不希望出事故"的想法,于是他们为了不出事故而细心驾驶,主动留意驾驶安全。

还有,路上其他看见卡车尾部彩绘的驾驶员和行人的心也会变得柔和,从而为防止交通事故的发生做出贡献。现实情况是,还没有一辆儿童彩绘卡车引起或涉及过交通事故。

一幅孩子们的画,加上一句"小心点,早点回家",不过这么一个小小的举措,就能改变许多事情。

从卡车旁超车的人们笑着挥手,强行"加塞"或贴近车辆的现象也减少了。

就这样,由于认识到自己"被关注""被关心",驾驶员的意识发生了巨大变化。载着儿童彩绘的驾驶员们纷纷细心驾驶,而且,时刻将卡车擦得亮锃锃的。

参与"儿童彩绘计划"的方法十分简单,只需将孩子的画和自家公司的LOGO制成贴画贴上即可。除了运输卡车,其他车型也适用,比如礼宾车辆或业务用车等。

"儿童彩绘计划"在口口相传之下,被推广到其他企业。现在,全日本赞助该计划的企业共有153家。卡车、罐型车、商用车等524辆车贴上了儿童彩绘,奔驰在全日本的道路上。而且,儿童彩绘的涟漪还扩展至建筑工地外墙幕布、自动贩卖机、工厂墙壁等,在各地传递着安全意识和爱。来自海外的咨询也多了起来。在中国,这项活动也开始推行。

让孩子们的画照亮全世界

此外,有越来越多的教育机构有意引进该项

目作为儿童安全教育的新措施。他们希望利用儿童彩绘卡车，不仅告诉孩子们"小心交通事故"，还促使他们从"为了不让心爱的人伤心，自己能做些什么"这个角度来思考安全问题。

另外，我们还请孩子们现场画画，将画作用于"儿童彩绘计划"。让大人们借着这个机会向孩子们表达感谢。**这个活动通过为交通安全做贡献及收获他人感谢的方式，培养了孩子们对自我价值的认可。**

我们成立了"国际CSV营业部"，作为"儿童彩绘计划"的咨询窗口。CSV是"Creating Shared Value（创造共有价值）"一词的缩写，是我们为了同时实现企业利益和社会贡献所做的尝试，也有"用儿童彩绘在世界传播爱与和谐"的含义。从2018年起，我们为了推广该项目，在大阪万博纪念公园举办了大规模的嘉年华活动。

用人不疑，快乐经营的奥秘在于下定决心

7年前，我根本不敢想象自己会采用现在的模式发展事业，以及推行"儿童彩绘计划""未来会议"等活动。

发生那起事故后，我曾经陷入苦恼，甚至开始怀疑自己所热爱的卡车存在的意义。

但是，自从转变方向，思考如何充分发挥卡车的价值后，现在，我感到"越经营越快乐"。

经营一点儿也不苦，只要社长忠于自己的内心，真诚地行动，必将有好事来临。

无论数字好坏，经营中的一切都让我感到快乐。

当然，社长背负着员工生活的压力，这是事实。但是，如果陷在这样的想法中，经营就会变成一件"苦差事"。因此，有时候我对干部和员工说："据新闻报道，运输业有6万人的缺口，即使少了我们一家公司，员工们也有许多去处，不会流离失所。所以，将人拴在公司里，说什么为了公司不倒闭，这其实是经营者的傲慢。"

这是我的心里话。即使员工辞职，去了待遇更好的企业，如果他回心转意，认为"还是宫田运输好"，想回来这里，我都欢迎。

刚当上社长时，我一直觉得背上压着保障员工及其家属生活的重担，担心他们流落街头，全身的弦绷得紧紧的。结果，视野变得狭窄，满脑子都是"管理、管理"，将"怎么能既保证安全又赚钱"当作了判断基准。

一提起"儿童彩绘计划"，几乎所有中小企业经营者的第一反应都是，儿童彩绘计划有利润吗？

但是，只要心无杂念，坚持追寻理想，经营者的周围就会出现支持者；尽己所能为社会做贡献，到头来必定能为员工带来幸福。

因此，我觉得经营是一件充满乐趣的事。

企业就是大家庭

其实，经营者在公司里应该做的事，或许和家庭中的父母并没有什么不同。

"为了孩子们加油干""为了孩子的未来赚钱存钱"，一旦父母按照内心的愿望去努力，一直看着父母身影的孩子即便遭遇波折坎坷，也会茁壮成长。他们长到十八九岁便会独立，步入社会，探索真正属于自己的幸福。

父母应该做的，并不是管理孩子，"你做这个，做那个"，也不是仗着"为你好"，为孩子搭桥铺路。而是给孩子创造独立思考的环境，给他们探索兴趣爱好的时间。

与其去教孩子，不如以帮助、支持的心态对待孩子，促使孩子用自己的双眼去观察，这将激发出他的力量。

然而，一旦回到企业，进入"社长与员工"的关系，霎时，大多数经营者就会从不同角度思考问题。

为了员工，要增加内部留存金；因为保护企业关系到保护员工和他们的家属，所以要对员工进行管理；宁可让客户稍受委屈，也要优先考虑己方的利益。

这种思维方式，初看貌似很爱惜伙伴，但是真的吗？社长嘴上说"为了员工幸福"，可这是真的吗？

事业存续的目的，并不是为了扩大内部留存金，让企业更优秀。

当然，企业需要必要的设备，仓库破旧却不修补，会给客户带来困扰。提供整备一新的卡车，是保障驾驶员安全的必要措施。

从这个角度来看，钱很重要。但是，钱要花在"人"身上。优化设备是为员工和客户所做的投资。

我认为，关键在于创造一个环境，让人人都能从工作中找到自己的价值和意义，感受到"幸福"。

我真的觉得企业就是一个家庭。

既然是亲人，彼此信任是应该的。不仅企业间如此，企业内的各部门和团队也是如此。

经营并不是增加财富的游戏。

为了让全体员工更幸福，每个人都要成长。坚持追求这一点，就是经营企业的意义。

尾声

前文反复提及,"儿童彩绘计划"缘于一起悲惨的事故。

我由衷地盼望实现交通安全,希望多培养一些坚持安全驾驶的驾驶员,哪怕多一名也好。我希望这个世间不再有悲惨的事故。

我想,实现这些心愿,是我们能为事故中的受害者及他的亲人所做的唯一的事。

之前NHK电视台曾在《早安日本》中报道过这个活动。

那时,事故受害者的丈母娘看了电视报道之

后,给我寄来一封珍贵的信。

新年好。

前几天,NHK 电视台的人联系了我。我在电视报道中看到了贵公司为防止事故而举办的活动。

贵公司齐心协力举办的活动,如今推广到了其他府县,当知道这个活动的发起是因为女婿的事故时,我们也感到十分高兴。

事故时才读小学四年级的孙女,如今已是初中一年级的学生。

早上,她充满活力的一句"我去上学了"鼓舞着我们。我们过得很快乐。

在日常生活中,女婿仍像活着一般,时不时地出现在我们的谈话当中。

我想告诉你,在我们家,我们仍谈论着"孩子爸爸""阿南",每天仍旧过着像以前一样的生活,所以提笔写了这封信。

电视台的报道让我的心翻过了一页。

今后,世事依旧无常,我们将不忘女婿留下的"感谢他人"的精神,三个人一起生活。

另外，有一件事我心中仍然十分牵挂。

听说事故的另一方也有孩子。

而且他竟然和女婿同岁，我真心希望他的家人每天能过上快乐的生活。

感谢您倾听我的心里话。

衷心祝愿贵公司繁荣昌盛。

不管是过去还是未来，都不会再有令我内心如此震撼的来信。

我一直将这封信贴身收藏。

当然，"儿童彩绘计划"并不能完全抹去受害者家属的哀伤和他们对亲人的牵挂，也无法消除肇事驾驶员的悔恨。

但是，如果我们的活动和彻底信任人心的姿态能让死者亲属的心得到一点点治愈，我就感到十分欢喜。

真心相碰，传递心声

另外，去年还有两件值得高兴的事。

一件是事故死者的亲属参加了我们主办的"儿

童彩绘嘉年华"活动。

"无论是肇事者，还是受害者，都不应该活得不幸……希望所有人幸福。我们现在很幸福，所以我们也很在意对方过得怎样。今后还有很长的路，不过那是欢喜的路。"她这么对我说。

另一件事就是肇事的驾驶员开始主动讲述事故的经历。每年，不仅日本国内，而且不少人从中国、韩国来到宫田运输参观。过去他从不在类似的场合露面。

但是，去年他主动参加了交流，认真地讲述了自己的经历。

彻底信任员工，不怀疑，一心一意等待对方主动绽放，开花结果。

我认为，只要坚持这么做，每一位员工必将闪闪发光，最终，将成就更美好的社会。

结束语

物流是一份被客户以"减分"的方式进行评估的工作。配送延迟，货物污损，送错货物……

保持货物整洁，按时送达，保证货物的准确无误，是这份工作的大前提。但是，配送现场常常会发生各种各样的状况，如交通堵塞、装卸错误、天气恶劣等，这些都会导致送货延迟。

即使365天中的364天都顺利完成任务，只要有1天出现重大延迟，公司的信誉就会受到影响。运输就是这样要求苛刻的行业。

在这样的背景下，以驾驶员为代表，怎么让同事们对自己的工作产生自豪感、价值感，怎么让他们感到工作有尊严？

我想，身为经营者，我的工作主要集中在这一点上。

常言道，物流是社会的血液。就像红细胞给人体输送人类生存必不可少的氧气和营养元素一样，卡车将货物源源不断地输送到社会的每个角落。

把货物送到翘首以盼的人手中，我们用这样的方式保障着人们的生命与生活。这是一切的基础，而在这个基础上，我向驾驶员伙伴们表达了自己"将超越物质的东西送到人们手中"的愿望。

譬如，驾驶着画着儿童彩绘的卡车在路上奔驰，假如这样能让周围的驾驶者内心变得平和，或许就可以说我们给人们送上了幸福。

彩绘卡车行驶得越多，驾驶中的挑衅行为和交通事故就越少。我们一边运输货物，一边为人们送上梦想、感动、喜悦和幸福。我认为，这就是我们在运输之外提供的价值。

工作本身并没有改变，但是我们从中发现了新的价值。通过这种方式，我们增添了自豪感。重点在于现场主管们及企业经营者关注的是什么。

虽然物流本身就是一份为社会做贡献的工作，但是，在卡车上，在我们自己身上，还蕴藏着超越"运输货物"的价值。带着这样的想法，我致力挖掘这些价值。任何工作都一样，日常工作中并不存在许多剧烈的、戏剧般跌宕起伏的变化，但是，用什么心态去做这些日常工作，最终的结果将大相径庭。

为此，必须为在一线勤奋工作的伙伴们打上灯光。

让他们相互认可："你很努力。"

告诉他们"我们所做的事与社会相连。"

我们有未来会议，它是让众多内外伙伴共享工作意义与价值的场所。

自上而下地高喊"我们是一家好公司"，并不足以传递彼此的心意。

这还不如未来会议上临时工阿姨的朋友听完事业所代表发言后的一句感叹："真是一家不错的公司。"这样简简单单的一句话，就能带给我们感动和勇气。

一个人被认可，主动性就会得到成长，对工作就更加主动积极。通过认可他人，使这样的伙伴越来越多。在没有任何人要求的情况下，二十岁刚出头的年轻人在"未来会议"上主动表达决心："我将来想当所长"，同事们听了，纷纷为他"加油"，给他帮助。

势能这种东西看不见摸不着。但是，创造数字的是工作现场。要想同事们在工作现场实现协作，就必须让他们彼此了解，产生"希望帮帮他"的想法。这种势能对企业来说不可缺少。

遇到困难就去寻求帮助。

如果觉得存在问题，就公开讨论。

"未来会议"一边发挥着这样的功能，一边为每个人的努力打上高光。

比如，尽管不是自己分内的工作，但枚方事业所的员工主动请缨，承担用薄膜打包货物的工作，一直干到晚上9时。用薄膜打包货物，货物在装车后才不会散开掉落，这原本是负责装卸的驾驶员的工作。

但那位员工说："大概22时合作公司的驾驶员就会从冈山县过来打包。他开夜车已经很疲劳了，哪怕早一分钟也好，我想快点帮他装好车，让他早点回家。"所以帮忙用薄膜包裹货物。

或许，在一些人看来，他的加班是无谓的牺牲；或许，这不过是发生在工作现场不起眼的小事。

然而，这是在没有任何吩咐下由良知驱动的行为。为这个行为打上聚光灯，让更多人知晓，这不正是现场领导者和经营者的职责吗？

在任何工作现场都有被埋没的、不为人所知的好人好事。为他们打上灯光，请他们讲述这些行为背后的想法，让它广为流传。在"未来会议"上，我们重复做着这些工作，让更多的伙伴从中获得启迪，培养个人的主动性。

假如上级吩咐"这么干就行了"，效果一定明显。因为，这是在利用权力的影响，下面的人自然会服从。但是，这种告诉对方怎么干的方式只能发挥一时的作用，迟早会失去效果。

原因在于命令无法激发人的主动性。不管怎么制定数字目标，告知客观事实，条理清晰地分析讲解，告诉对方"看！这么干就行了"，效果都很有限。

不是发自内心的想法，人不会主动去实现。

怎么激发每位伙伴的主动性？或许，这有时会令人干着急，但激发主动性的奥秘就在于信任员工，不怀疑他们，守护他们。

伙伴们将自己去碰壁，去苦恼，去跨越——让我们守护这个逐步展开的旅程。在这个基础上，

信任员工
用爱经营，构筑信赖的伙伴关系

告诉他们"我一直在看着你"，如果对方行动后产生了变化，就夸奖他。我想，育人并没有所谓的正确答案。

可以说的只有一点，那就是经营者不必事事大包大揽，思考所有的问题，找出答案，发号施令。

将问题抛出来，"大家都帮着思考""让我们一起烦恼"，用守护的姿态促使每个人成长，发挥出主动性。